# 나는 왜 아이디어가 궁할까

어디서나 통하는 창의성 훈련법

# 나는 왜 아이디어가 궁할까

2019년 1월 30일 초판 1쇄 발행
2019년 3월 25일 초판 2쇄 발행

저　자　이경열
펴낸이　김영애
편　집　김배경
디자인　김경화
마케팅　윤수미
펴낸곳　SniFactory

등　록　제2013-000163(2013년 6월 3일)
주　소　서울시 강남구 삼성로 96길 6 엘지트윈텔1차 1402호
www.snifactory.com / dahal@dahal.co.kr
전화 02-517-9385 / 팩스 02-517-9386

ISBN　979-11-89706-70-8 13190

값 13,000원

# 나는 왜 아이디어가 궁할까

글 이경열

다할미디어

프롤로그

# 창의성 훈련, 이제는 즐겁고 재미있게

## 미래 지식의 원천은 창의성

생텍쥐페리의 소설 『어린왕자』를 보면 여우가 정들었던 어린 왕자와 이별할 때 비밀 하나를 선물로 들려준다. 그 비밀은 "정말 중요한 것은 눈으로 볼 수 없어. 마음의 눈으로 보아야 해." 라는 이야기였다.

이 책은 바로 여우가 전해준 비밀 '마음으로 보는 방법'에 대해 이야기하고 있다. 마음으로 본다는 것은 남이 보지 못하는 것을 보는 힘, 바로 창의력을 말한다.

미래학자들의 말을 빌리지 않더라도 지식과 정보는, 개인은 물론이고 기업, 국가의 경쟁력을 결정하는 핵심 요소라는 것을 알 수 있다. 이런 지식의 원천이 바로 창의력이다.

인간은 자신이 갖고 태어난 뇌세포를 아무리 열심히 개발해도 평생 7~15퍼센트 밖에 쓰지 못한다고 한다. 이처럼 신이 내려주신 최대 보고 뇌를 개발하여 창의력을 키우는 것이 인간에게 주어진 가장 큰 숙제이다.

「UN 미래보고서」에 의하면 2030년까지 20억 개의 일자리가 없어지고 현존하는 일자리의 80퍼센트 정도가 사라진다고 한다. 옥스퍼드 대학의 마이클 오스본 교수가 발표한 「미래 고용보고서」에서도 20년 이내 현재 직업의 47퍼센트가 사라진다고 한다. 지지 왕 UC 버클리대 교수 역시, 2018년 5월 서울에서 열린 제9회 아시안 리더십콘퍼런스에서 "로봇과 인공지능이 대두되면서 앞으로 일자리의 최소 50퍼센트는 사라질 것이다. 사라진 일자리를 회복하는 방법은 창업뿐"이라고 말했다.

이런 예측은 연구하는 단체나 사람에 따라 약간씩 다를 수는 있지만 머지않아 현존하는 직업의 대부분이 사라진다는 점은 공통적이다.

우리의 교육 시스템은 직업과 밀접하게 연관되어 있다. 현존 직업이 사라진다는 것은 교육의 대변화를 예고하는 것이다. 학교교육이 직업 변화를 앞에서 이끌어가야 하는데 뒤따라가기도 버거운 게 현실이다. 그렇다고 사라지는 일자리를 바라보고만 있을 수는 없지 않은가?

이제 시대에 맞는 새로운 일자리를 창출하기 위해서는 스스로 두뇌를 깨워야 한다. 이 책의 사명은 우리 내면에 잠재된 무한한 창의성을 깨우는 것이다. 창의성은 캐고 또 캐도 다 캘 수 없는 보물이니까.

## 무엇을 하든 재미나게

수명이 다 된 상품을 거둬들여 재활용하는 것을 리사이클링 산업이라 하며, 경영 관리 시스템을 새롭게 만드는 것을 리엔지니어링이라 한다. 이와 마찬가지로 창조Creation(크리에이션)를 다시 새롭게 하면 리크리에이션Re-creation이 된다. 리크리에이션은 기존의 창조 개념에 오락성이나 재미를 덧붙인 것이다.

여기서 말하는 리크리에이션은 우리가 일반적으로 알고 있는 '오락'의 의미와는 확연히 다르다. 창조라는 개념에 게임이나 오락적인 요소를 덧붙여 재미있고 새로운 개념을 창출하는 것이 리크리에이션의 본뜻이다.

창의력을 개발하고 교육하는 프로그램은 즐거운 게임이나 오락처럼 만들어야지, 공부시키듯 부담을 주면서 가르치려 들면 실패할 수밖에 없다. 부담을 가지면 뇌가 경직돼 창의성이 길러질 수 없기 때문이다.

교육을 흥미롭고 재미있게 한다는 뜻의 에듀테인먼트Edutainment(교육Education과 오락Entertainment을 합친 말)라는 용어가 새롭게 등장한 이후 교육계에 많은 변화가 일어나고 있다. 신세대들은 재미가 없으면 금방 싫증을 느낀다. 이들에게 주입식 교육을 시키는 것은 교육을 하는 것이 아니라 고통을 주는 것이다. 재미가 우선하지 않으면 이들을 집중시킬 수 없다. 교육 방법은 물론 교재 또한 재미있어야 한다.

어디 교육뿐이겠는가? 이미 재미 자체에서 부가가치가 생산되는 산업으로 발전하고 있다. 게임 산업이 그 좋은 예이다. 게임 산업은 그 어떤 산업보다도 고용 창출과 수출, 부가가치 생산 측면에서 국민경제에 기여하고 있다.

일을 보는 개념도 바뀌었다. 일을 노동이 아닌 '놀이'로 인식하는 시대가 되었다. 앞으로는 어떤 종류의 일이든 자신의 업무를 게임화, 취미화, 놀이화하려는 경향이 점점 더 두드러질 것이다. 심지어는 농업도 재미를 추구한다는 어그리테인먼트 Agritainment(농업Agriculture과 오락을 합한 말)라는 새로운 단어가 생겼다. 예를 들면 고구마 캐기 대회, 포도 따기 대회 등 체험을 동반한 축제로 농업을 승화시키고 있다.

게임 외적인 분야에서 문제 해결, 지식 전달, 행동 및 관심 유도 혹은 마케팅을 위해 게임의 매커니즘Mechanism과 사고방식을 접목시키는 것을 게이미피케이션Gamification이라 한다. 디플로테인먼트Diplotainment라는 말도 있다. 이는 외교Diplomacy와 오락을 뜻하는 두 단어의 합성어로 '외교쇼'나 '오락 외교'라는 의미로 해석된다. 국가 간의 외교 문제도 재미나 오락화되어간다는 이야기다. 국가 간 관계를 오락화한다는 상상하기조차 힘든 일들이 벌어지고 있는 것이다.

이제는 사업이나 교육, 심지어 국가 간 외교에 이르기까지 재미와 오락적인 요소가 가미돼 창의성을 구현하는 추세를 보여주는 현상들임에 틀림없다. 다시 말해, 모든 분야의 업무에 재미를 부가하기 위해 게임의 속성을 도입하는 것이다. 한마디로 무엇을 하든 재미있게 하라는 의미다.

아이들은 둘만 모이면 함께 논다. 장소는 상관없다. 이처럼 인간은 태어날 때부터 놀이 지향적이며, 재미를 추구한다. '어떻게 하면 이 일을 재미있게 할 수 있을까?' 이제는 어떤 일을 하기 전, 이렇게 자문해보아야 한다.

## 아이디어 생산 훈련으로 창맹 탈출

글자를 모르는 사람을 문맹, 컴퓨터를 못하는 사람을 컴맹이라 한다. 그럼 창의력이 부족한 사람은 무엇이라 부를까? 필자는 이런 사람을 '창맹'이라 부르고자 한다.

요즘은 어느 모임을 가나 가수 뺨칠 정도로 노래 잘하는 사람을 자주 보게 된다. 이는 노래방의 보급이 한몫했다. 노래방에 가서 신나게 노래를 불러보며 가창력을 키운 것이다. 창의력이 부족한 창맹도 교정이 가능하다.

필자는 창의성도 연습과 교정으로 기를 수 있다는 생각을 오랫동안 해오다가, 노래방을 벤치마킹한 '창의성 개발을 위한 아이디어 생산법'이라는 실전 프로그램을 떠올렸다.

이 책에서 소개할 아이디어 생산법 훈련은 노래방처럼 남녀노소 함께 즐길 수 있는 '아이디어 놀이터'다. 필자가 중고등학생부터 대학생, 직장인 등 100여 명에게 아이디어를 내보도록 했더니, 적게는 10여 개에서 많게는 100여 개의 아이디어가 나왔다. 그 아이디어들은 당장 상품화가 가능한 것도 있고 좀 더 연구해야 실용화가 가능한 것도 있었다. 그러나 더욱 중요한 것은 이들에게 창의성 개발에 대한 '자신감'을 심어 줄 수 있었다는 점이다.

이 책은 누구나 잠재된 창의성을 발현할 수 있도록 다양한 아이디어 생산 연습을 제시한다. 아이디어를 떠올리고 창의성을 개발하는 이론을 배우는 게 아니라, 실생활에 필요한 아이디어가 나오도록 하는 연습 방법을 중점적으로 소개했다. 개인이 필요에 따라 읽어도 좋고 조직 구성원 전체의 창의성을 고취시키기 위한 방법으로 활용해도 좋다. 이 책을 책상 위에 항상 놓아두고, 모르는 단어가 나오면 사전을 찾듯, 아이디어가 필요할 때마다 펼쳐보기 바란다.

코앞으로 닥쳐온 4차 산업혁명 시대는 직업의 세계가 어떻게 변화할 것인지 예측하기 어렵지만, 우리 스스로 창의성을 꽃피워 미래에 걸맞는 기술과 직업의 세계를 탐색해보고 준비하도록 하자. 이 책이 번뜩이는 아이디어 생산을 위해 고민하는 독자 여러분에게 좋은 길라잡이가 되기를 바란다.

2019. 1.

이 경 열

## 이 책, 이렇게 읽으면 더 재밌다!

**첫째**, 기한을 정해 자유롭게 책을 읽는다. 주별로 1장씩 읽어도 좋고 한 달 내로 전체를 완독해도 좋다. 각자 상황에 맞게 정해서 음식을 씹듯, 책의 내용을 숙지하고 천천히 소화시킨다.

**둘째**, 읽는 도중에 떠오른 아이디어는 그 자리에서 바로 책에다 메모한다. 순간 떠오른 아이디어를 잡는 노하우는 그 자리에서 바로 적는 것이니까. 키워드만 적어 놓으면 시간이 흘러도 다시 떠올릴 수 있다.

**셋째**, 책을 다시 한 번 읽으며 메모한 아이디어를 구체화시킨다. 책을 전체적으로 한 번 훑고 나면 사고의 폭이 넓어져 처음 아이디어를 획기적으로 발전시킬 가능성이 높다. 구체화된 아이디어는 별도의 노트에 옮겨 적는다.

**넷째**, 조직에서 활용할 경우 구성원들이 함께 읽고 소감을 이야기하고 각자 떠올린 아이디어에 대해 의견을 나눈다. 나이, 경험, 하는 일에 따라 다양한 아이디어가 도출될 것이다. 다른 사람의 아이디어를 내 것에 접목시켜 좀 더 실용적으로 구체화시킨다.

**다섯째**, 구성원끼리 아이디어 경진대회를 개최하고 시상한다. 기업이 필요로 하는 특정 주제에 대해 집중적으로 아이디어를 내게 할 수도 있고 분야를 정하지 않고 자유롭게 할 수도 있을 것이다. 동기부여를 위해 우수한 아이디어를 낸 개인이나 부서에 상을 준다.

이런 활동은 1회성이 아닌 지속적으로 실천하는 것이 좋다. 이런 과정을 몇 번 거치면 구성원들이 아이디어를 개발하는 데 자신감을 갖게 되고, 기업도 혁신기업으로 거듭날 수 있다.

# 차 례

## Chpter 3.
## 톡톡 튀는 아이디어를 잡는 노하우

## Chpter 4.

## 실전, 창의력 연습

## Chpter 5.
## 질문이 운명을 바꾼다



## Chpter 6.
## 나만의 아이디어 명당 만들기



## 책 속의 책

"

아이디어는 단번에 떠오르는 것이 아니다

꾸준한 연습과 훈련을 통해

창의성이 꽃 필 때 저절로 흘러나오는 것이다

"

# Chapter 1.

# 창의성이 경쟁력이다

## 창의성을 꽃 피우는 힘, 99번의 날갯짓

창의성이란 '새롭고 독창적이며 유용한 무언가를 만들어내는 능력'을 뜻한다. '해 아래 새 것이 없다.'는 말도 있듯이, 꼭 세상에 없던 완전히 새로운 것을 만든다는 의미는 아니다. 오히려 스티브 잡스가 말한 것처럼 '창의성은 연결하는 것(Creativity is just connecting things)'에 가깝다. 즉 연관성 없는 것을 연결해 새로운 것을 만들어내는 능력이다. 연결하기 능력은 철저한 연습으로 키울 수 있다.

자전거는 처음 배우기가 어려워서 그렇지, 일단 배워두면 다리에 힘이 있는 한 계속 탈 수 있다. 자전거를 익히는 과정에서 넘어지고 팔꿈치나 무릎을 다친 경험이 있을 것이다. 자전거는 익히는 과정이 힘들기는 해도 스릴과 재미를 동반한다. 씽씽 달릴 때 휘파람이 절로 날 만큼 신바람과 통쾌함도 따른다. 일단 배우기 시작하면 운동신경이 둔한 사람도 별 어려움 없이 타게 되는 것이 자전거다. 안전하게 배울 수 있도록 보조바퀴를 달기도 하는데, 혹시 넘어져 다치지 않을까 하는 두려움을 보조바퀴가 말끔히 잊도록 해준다.

이 책은 마치 보조바퀴를 달고 자전거를 배우는 것처럼 누구나 쉽고 재미있게 창의성을 개발할 수 있도록 구성돼 있다. 다만 새로운 마음가짐은 필요하다. 어떻게 하면 좋은 아이디어를 생산할 수 있는지, 설렘과 호기심, 기대감, 그리고 강한 의지가 필요하다. 만일 이런 기대나 의욕이 불타지 않는다면 차라리 이 책을 덮고 소설이나 스포츠 뉴스를 보라고 권하고 싶다. 그 편이 긴장을 풀고 엔도르핀이 나와 경직된 뇌가 말랑말랑해지는데 도움이 될 테니까.

그러나 일단 여기까지 읽었다면 당신은 창의성에 대해 관심이 매우 많고 기대가 크다는 뜻이다. 조금 더 집중해보자.

한자로 '익히다'는 뜻을 가진 글자 습習을 살펴보자. 이 글자는 날개를 의미하는 우羽와 백白이 결합된 말이다. 백白을 자세히 보면 일백을 의미하는 백百에서 일一을 뺀 것이다. 즉 99를 나타낸다. 새가 둥지를 떠나 바깥세상으로 나오기 위해서는 날갯짓을 99번은 해야 한다는 의미다.

이처럼 창의성도 머리로 익히려 하는 대신 몸으로 익혀두면 생명이 다할 때까지 평생 자산이 된다. 창의성 개발도 꾸준한 연습이 필요하며, 내 몸이 기억하는 습관으로 만들어야 한다. 아이디어는 단번에 번뜩 떠오르는 것이 아니라 꾸준한 연습과 훈련을 통해 창의성이 꽃 필 때 저절로 흘러나오는 것이다. 창의성 개발을 위해서는 99번의 날갯짓이 필요하다는 사실을 잊지 말아야 한다.

## 창의성을 키우는 생각의 기술

초등학교 국어 교과목을 보면 말하기, 듣기, 읽기, 쓰기로 되어 있다. 말하고 쓰려면 먼저 생각을 해야 한다. 그런데 왜 '생각하기' 과목은 없을까?

우리는 초등학교에서 대학 졸업 때까지 창의성에 대해 정규 교과목으로 가르치지 않는다. 기계적인 암기 위주의 수업을 받고 네 가지 중 하나의 답을 고르는 시험에 익숙하다. 이런 주입식 교육에 익숙해지면 자신도 모르는 사이에 창의성이 메마른다.

어느 학부모가 아이의 중학교 입학 기념으로 옷을 사주기 위해 백화점에 데려갔다. 예쁜 옷들이 너무 많았다. 아이는 머뭇거리며 결정을 내리지 못했다. 부모가 네 가지를 골라주자 그제야 "이것으로 주세요."라고 고르더란다. 마음에 드는 옷을 찾는 것조차 시험 치듯 보기를 내주어야만 겨우 고르는 것이 요즘 아이들의 모습이다. 웃을 일이 아니다. 아이들을 기르고 가르친다는 우리 모두 심각하게 생각해보아야 할 문제이다.

우리가 살아가면서 맞닥뜨리는 문제들은 답이 없을 수도 있고, 수없이 많을 수도 있다. 이를테면, 1 더하기 1은 논리적으로는 2가 맞지만, 현실에서는 3이 되기도 하고, 5가 되기도 하며, 마이너스가 될 수도 있다. 바로 이것이 창의적인 사고이다. 논리적인 답은 하나밖에 존재하지 않지만 창의적 사고로는 무수히 많은 답을 찾을 수 있다.

창의력은 박사나 연구원에게만 요구되는 것이 아니라, 우리 모두가 살아가는데 없어서는 안 될 중요한 사고능력이다. 창의력은 영어단어를 외우듯 공부를 통해 습득하는 것이 아니라 마치 게임을 하듯 즐기며 체득하는 것이다.

오래 생각한다고 좋은 아이디어가 나오는 것도 아니다. 아이디어를 불러오는 사고법은 따로 있다. 앞으로는 창의성을 극대화시키는 생각의 기술을 살펴보겠다.

## 간단한 더하기만 잘해도

더하기, 빼기를 모르는 사람은 없다. 그러나 더하기를 응용할 줄 아는 사람은 드물다. 숫자만 더할 수 있는 게 아니고, 기능과 기능을 더할 수 있고 서비스와 기능을 더할 수 있으며, 기술과 기술을 더할 수도 있다. 모든 요소들은 다 더할 수 있다.

잉크와 펜의 기능을 더했더니 만년필이 되었고, 볼펜과 전등을 더해 어두운 곳에서도 사용할 수 있는 히트 상품 반디펜을 개발했다. 팩스와 모뎀을 더하자 출력하지 않고 바로 보낼 수 있는 팩스모뎀이 나왔다. 기계 기술과 전자 기술을 더해 메카트로닉스Mechatronics라는 새로운 분야의 기술이 나왔다. 최근에는 여행과 창업, 컨설팅의 기능을 모두 더한 신규 사업도 생겨났다. 해외의 새로운 시장 흐름을 파악해 창업 아이템을 제시하고, 현지의 역사, 문화를 즐기는 여행 프로그램도 제공하고, 창업에 대한 조언도 하는 복합 서비스 회사가 바로 그것이다.

필자가 대학생들에게 더하기 기능을 응용해서 만들고 싶은 상품을 적어보라 했더니, 야간에도 잘 보이도록 발광체를 첨가한 교통 표지판 등 수많은 아이디어가 쏟아져 나왔다. 바로 개발에 착수해도 성공할 만한 아이디어가 많았다.

우리 주변의 물건들도 잘 살펴보면 기능이나 기술을 더하지 않은 상품들이 없다.

스마트폰을 예로 들어보자. 초기에는 상품 이름이 휴대 전화기였다. 단순히 통화하는 기능에서 전화번호를 저장하거나 녹음하는 기능처럼 기존에 있던 기술이나 기능이 더해지면서 발전해오다 무선 인터넷 접속까지 가능해지면서 획기적인 변화가 일어났다. 그러면서 상품 이름도 스마트폰으로 바뀌었고 초기의 휴대 전화와는 완전히 다른 상품이 되었다. 이제는 스마트폰 안으로 백화점이 들어오고 도서관이 들어오고 학교가 들어왔다. 은행도 들어왔다. 손안에 쏙 들어오는 이 작은 기기가 극장이 되고 운동장이 되고 학교가 될 줄 누가 상상이나 했겠는가? 최근에는 인공지능 기술이 더해지면서 비서까지 따라 들어왔다. 태초에 세상이 열렸듯, 스마트폰 안에 새로운 세상이 열린 것이다.

어디 스마트폰뿐이겠는가? 우리 생활 주변의 자동차나 냉장고, 편의점들이 어떻게 발전하고 있는가를 살펴보라. 그 변화의 중심에 더하기가 있다.

잠시 자연으로 돌아가 보자. 창조 중의 창조는 생명이다. 생명은 암컷과 수컷의 결합으로 탄생한다. 자연의 짝짓기는 바로 더하기인 셈이다. 더하기를 좀 더 산업적인 용어로 바꾸면 '융합'이라 하기도 하고 '연결'이라 하기도 한다. 무엇이든 연결시키고 짝을 지어주라. 동질적인 것을 더하든, 이질적인 것을 더하든, 물질세계와 정신세계를 더하든, 더하라. 그러면 무엇이든 탄생한다. 때로는 아름다운 생명까지도 탄생한다.

## 뺄수록 힘이 된다

큰 기업이 강한 시대에서 빠른 기업이 강한 시대로 급속히 이전하고 있다. 큰 것과 작은 것의 싸움이 아니라 빠른 것과 느린 것의 경쟁이다. '좋은 물건을 싸게' 만드는 시대에서 '새로운 것을 빨리' 공급하는 시대인 것이다. 경영혁신 운동으로 선풍적인 인기를 끌었던 리스트럭처링, 리엔지니어링도 의사결정 단계에서 군살을 빼 스피드를 향상시키는 방법론이다. 빠르게 하려면 몸을 날렵하게 하는 것이 최우선 과제이다. 즉 빼기를 얼마나 잘 하느냐가 관건이다.

자신이 갖고 있는 정보, 지식, 경험 등을 해체하고 결합하고 융합하는 과정에서 창의력이 나온다. 해체한다는 것은 분할한다는 뜻이며, 분할은 뺀다는 의미를 포함하는 것이다. 따라서 창의력은 빼는 것으로부터 시작한다고 해도 틀릴 것이 없다.

더하기와 마찬가지로 빼기 역시 숫자뿐 아니라 모든 것에 적용될 수 있다. 빼기를 응용해서 만든 상품을 살펴보자. 타이어에서 튜브를 뺀 노튜브 타이어, 안경에서 테를 제거해서 발전시킨 콘택트렌즈, 카메라에서 필름을 뺀 디지털카메라, 테이프 없이도 녹음이 가능한 MP3 등이 있다.

또한 의류업계는 빼기를 이용해 새로운 유행을 창출하고 있다. 일부러 구멍을 낸 청바지, 옷의 길이를 줄여 배꼽이 보이게 한

옷, 삼각팬티, 런닝셔츠, 끈 없는 브래지어, 다림질이 필요 없는 형상기억 와이셔츠 등이 좋은 예다.

식료품에서도 당분을 뺀 무가당 주스, 무설탕 껌, 뼈를 제거하여 먹기 좋게 한 고기 등 일부 영양소를 뺀 건강식품이 유행하고 있다. 더 나아가 살을 빼는 약, 입고 있으면 저절로 살이 빠지는 옷이 등장하기도 했다. 기미, 주근깨, 주름살, 지방 등 제거 수술도 빼기 기능을 응용한 것이다.

다양한 기능에서 꼭 필요한 부문만 채택한 심플한 제품이나, 잡다한 서비스를 제공하는 대신 특화된 전문 서비스로 전환하는 것 등도 알고 보면 빼기를 응용한 전략이다.

큰 것보다는 작은 것이, 강한 것보다는 부드러운 것이, 경쟁보다는 협력이, 독점보다는 나눔이 요구되는 시대에는 빼기를 잘 응용할 줄 아는 지혜가 요구된다.

## 개성을 살리는 '바꾸기'

더하기, 빼기를 할 줄 알면 일상생활에 필요한 계산의 절반은 익힌 것이나 다름없다. 거기다 곱하기, 나누기까지 할 줄 알면 숫자공부는 끝났다고 해도 과언이 아니다. 더하기, 빼기를 응용할 줄 알면 창의력 개발도 절반쯤은 마스터한 것이요, 바꾸기까지 할 수 있다면 천재나 다름없다.

창의력 개발에서 바꾸기 전략은 곱하기 정도에 해당된다. 바꾸기를 응용할 줄 아는 지혜를 터득하면 아이디어 생산에 가속도가 붙는다. 제품이나 서비스의 의미, 색, 동작, 소리, 향기, 모양, 위치 등을 하나하나 바꾸어 가면 예기치 못한 재미있는 결과가 나온다.

괘종시계의 시간을 알리는 음은 전통적으로 '땡! 땡! 땡!'이었다. 전자시계가 등장할 때까지 수십 년간 변하지 않았다. 그런데 어느 시계 회사에서 이 소리를 뻐꾸기 소리로 바꾸어 보았다. 아이들에게 폭발적인 인기를 얻은 것은 물론이고 어려움에 처해 있던 회사가 회생했다. 모든 사람들이 '시계는 성숙기에 접어든 제품으로 수요가 한계에 이르렀다.'고 판단했으나 이 작은 아이디어 하나로 새로운 시장을 창출했다. 요즘은 시간마다 소리가 다른 시계도 나왔다.

해외에서는 소리의 파장을 이용해 자동차 소음을 듣기 좋은 파도 소리로 바꾸는 연구가 진행 중이다. 돌리던 것을 누르는 것으로 바꾼 것이 버튼식 전화기, 풀을 칠하던 것에서 떼어서 붙이는 것으로 바꾼 것이 포스트잇이다. 요즘은 먹는 대신 바르거나 붙이는 의약품이 등장해 좋은 반응을 얻고 있다.
화폐는 수표로, 수표는 다시 카드로 바뀌었고 지금은 인터넷 가상 시장에서 거래할 수 있는 비트코인 같은 전자화폐도 등장했다. 이처럼 바꾸기만 잘 응용해도 제품이나 서비스를 획기적으로 개선할 수 있다.
바꾸기란 개성을 살리는 것이다. 개성은 자기만의 독특한 것을 나타낸다. 기존의 것과 차별되는 색다른 것이 각광받는 세상이다. 사람들은 기분 전환이 필요할 때 환경을 바꿔보기도 하고, 괴롭고 힘들 때 마음을 새롭게 하고 변화를 모색하기도 한다. 이와 마찬가지로, 새로운 제품이나 서비스를 개발하려 한다면 재료나 방법, 심지어 사람도 바꿔볼 수 있다. 새로운 것은 마음을 설레게 하지 않던가. 기대와 설렘이 있어야 뇌에 자극이 되고 새로운 아이디어가 나온다.

## 더 크게, 더 작게

지금까지 더하기, 빼기, 바꾸기를 응용하는 방법에 대해 알아보았다. 이제 크게 하거나 작게 하는 방법에 대해 생각해보자.

먼저 확대해서 만들어진 상품들을 살펴보자. 가슴을 크게 보이게 하는 원더브라, 사람을 더 많이 운송하기 위한 2층 버스와 점보 여객기, 커다란 풍선을 떠오르게 하여 사람이 탈 수 있도록 한 기구, 감춰졌던 1인치를 찾아 화면을 크게 한 와이드비전 TV 등이 있다. 제품뿐만 아니라 종자를 개량한 슈퍼옥수수, 주먹만 한 감자, 코끼리만 한 황소 등 동식물에도 크게 만드는 기술이 응용되고 있다. 이처럼 크게 한다는 발상 하나만 응용해도 새로운 히트상품을 탄생시킬 수 있다.

반대로 작게 해서 만들어진 상품은 더 많다. 미국 서부에서 생산한 곡물을 동부나 북부로 옮길 때 주로 기차를 이용했다. 곡물은 부피가 커서 운반하기가 여간 까다로운 게 아니었다. 곡물을 많이, 그리고 안전하게 운반할 수 있는 방법을 궁리하다 개발한 것이 컨테이너다. 이 컨테이너 개발은 운송업에 혁명을 일으킨 대단한 사건이었다. 지금까지도 곡물을 수송하는 더 나은 수단은 개발되지 않았다. 컨테이너도 알고 보면, 흩어지는 것을 압축하는 기술을 응용한 것이다.

요즘은 편리성을 추구하다 보니 제품이 경박단소, 즉 가볍고

얇고 짧고 작아지는 경향이 절정에 이르렀다. 호텔이 캡슐텔에서 다시 휴게텔로, 숲이 정원을 거쳐 화분과 분재로 이어졌다. 반도체 제조기술의 발달로 성능은 더 좋으면서 크기는 오히려 줄어든 PC나 휴대폰도 쏟아져 나오고 있다. 토마토를 먹기 좋은 크기의 방울토마토로, 애완동물은 품종을 개량해 더 작고 귀엽게 만들고 있다.

특히 일본 제품들은 작기로 유명하다. 크기는 작지만 실용주의를 극대화한 것이 이들의 특징이다. 이어령 교수는 이를 잘 간파하여 『축소지향의 일본인』이라는 책을 써서 국내뿐 아니라 일본에서도 큰 화제를 모은 바 있다.

작아지려는 경향은 제품뿐만 아니라 기업의 구조에서도 나타난다. '작은 것이 아름답다, 작은 것이 강하다.'는 말은 이제 상식이 됐다. 의식의 변화로 '큰 것이 강하다'는 영원할 것 같았던 믿음도 무너져 내리고 있다. 효율성과 실용성을 진정한 성장 가치로 여기는 풍조 때문이다. 이런 가운데 인간이 어느 정도까지 작은 제품을 생산해낼 수 있을지 지켜볼 일이다.

# 거꾸로 바라보기

일본 최대 욕실용품 업체 TOTO사의 연구소는 유리나 타일 등이 더러워지지 않게 하는 기술 개발에 열중하고 있었다. 오염을 방지하거나 세균을 죽일 수 있는 산화타이타늄을 코팅한 세균 타일 연구였다. 그런데 아무리 실험을 거듭해도 이상한 현상이 나타나곤 했다. 광촉매의 항균타일은 빛을 비출수록 각도가 좁아지는데, 발수성을 높이는 연구에서는 오히려 정반대의 현상이 나타난 것이다. 그래서 '물을 스며들게 하는 연구로 바꾸어 보자.'며 발상을 180도 전환시켰다. 이렇게 해서 개발한 초친수성超親水性 기술로 70건의 특허를 등록할 수 있었다. 이 기술 개발 덕분에 위험한 빌딩 외벽 청소를 할 필요가 없어졌다.

37살에 노벨 물리학상을 받은 게오르그 베드노즈 박사는 의대 진학을 희망했지만 점수가 모자라 물리학을 택했다고 한다. 다만 형과 함께 자전거를 뜯고 자동차를 수리하며 과학에 대한 다양한 관심과 호기심을 잃지 않았다. 베드노즈 박사는 연구가 벽에 부딪치면 한 걸음 뒤로 물러서 맥주를 마시거나 정원을 가꾸는 일로 여유를 되찾으며 스트레스를 해소한다고 밝혔다.

이처럼 통상 해오던 일을 거꾸로 하다가 뜻밖의 아이디어를 건지는 수가 생긴다. 정상적인 방법으로 일이 되지 않을 땐 오히려 반대적 개념을 도입하면 쉽게 풀릴 수도 있다.

최근에는 옷 안쪽에 있던 상표를 겉으로 내놓은 옷이 유행하고 있다. 브랜드 입장에서는 살아 움직이는 광고 매체를 개발한 격이고, 소비자 역시 은근히 고급 옷을 입었다는 자랑을 할 수 있게 된 셈이다. 좋은 옷을 구매하고 이를 과시하고 싶은 소비자의 심리를 이용한 고도의 마케팅 전략이 아닐 수 없다. 이처럼 부정을 긍정으로, 위에서 아래로, 뭔가를 만드는 것에서 없애는 것 등 '거꾸로 전략'을 시도하면 안 보이던 것이 보인다.

이런 시각은 예술 분야에도 통한다. 현대 미술에서 기성품이라도 예술가가 선택해서 새롭게 조합하면 새 작품이 될 수 있다는 시각을 '레디메이드Ready-made'라고 한다. 프랑스 화가 마르셀 뒤샹은 예술가의 창작 행위는 작품을 제작하는 것만이 아니라 창의적인 정신 표현, 즉 아이디어에 있다며 예술의 개념을 전환시켰다. 그의 이러한 사상은 "나는 미술을 믿지 않는다. 미술가들을 믿는다."라는 말로 대변된다.

뒤샹은 1917년 변기를 구입해 'R. Mutt 1917'이라 서명한 다음 전시회에 출품했다. 이 작품이 바로 20세기 미술의 대표적 아이콘으로 꼽히는 <샘>이다. 변기에 서명 하나 했을 뿐인데도 작품이 된 것이다. 새로운 해석이 아이디어가 되고 예술작품도 될 수 있음을 보여주는 사례다.

쉬어가기

## 창의성은 웃음에서 나온다

동서양을 막론하고 웃음에 대한 속담이나 명언은 많다. 웃음이 우리 삶 속에서 그만큼 중요하다는 의미일 것이다. 『동의보감』에서는 웃음이 보약보다 좋다고 했다. '일소일소 일노일노一笑一少 一怒一老'라는 말도 있다. 한 번 웃으면 한 번 젊어지고 한 번 화내면 한 번 늙는다는 말이다. 웃는 사람에게는 세월도 비껴간다는 이야기다. 과장된 표현이기는 하지만 웃음의 효과를 집약적으로 나타내고 있다. '웃는 얼굴에 침 뱉으랴'라는 우리 속담이 있는가 하면 '웃음은 내면의 조깅'이라는 서양 속담도 있다.

조선왕조 때 웃음 내시가 있어 궁중의 분위기를 돋우었다는 기록도 있다. 셰익스피어는 "그대의 마음을 웃음과 기쁨으로 감싸라. 그러면 천 가지 해로움을 막아주고 생명을 연장시켜 줄 것이다."고 말하기도 했다. 오쇼 라즈니쉬는 "웃음은 종교의 본질이다."라고 했다.

웃음은 긴장을 완화시켜주고 창조성과 유연성을 길러주며 모든 질병의 원인이 되는 불안, 근심, 공포 같은 스트레스를 풀어준다. 웃음은 병균을 막는 항체인 인터페론

감마의 분비를 증가시켜 바이러스에 대한 저항력을 키워주고 세포 조직 증식에 도움을 주는 것으로 밝혀졌다. 결국 많이 웃는 사람이 건강하다는 이야기다.
잘 웃고 유머감각 있는 사람은 창의적이다. 유머는 창조성의 영역이며 지적 활동의 정수이기 때문이다. 말, 글, 동작, 그림, 작품, 상품 등은 그 표현 수단이 유머러스한 상황에서 극적 효과가 더해진다. 유머는 긴장을 이완시켜주고 상상력을 촉진시키는 삶의 청량제 역할을 한다.
상상력이나 창의력, 유머도 훈련으로 기를 수 있다. 유머를 구상하는 것보다 더 훌륭한 창의력 훈련은 없다. 하루에 한 번은 사람들을 웃겨보겠다는 각오로 하루에 한 가지씩 재미있는 유머를 만들어보자. 하루에 한 가지씩만 엉뚱한 생각을 해보면 된다. 유머 속에 웃음이 피어나고 웃음 속에 행복이 돋아날 것이다.

“

생각은 행동을 낳고 행동은 습관을 낳고

습관은 인생을 만든다

인생이 달라지기 위해서는

생각이 바뀌어야 한다는 말이다

”

# Chapter 2.

# 창의성도 연습하면 커진다

## 천재 생각 따라 하기

태어날 때부터 천재인 사람은 아무도 없다. 아인슈타인도 대학 입시에 실패한 적이 있고 에디슨은 초등학교도 졸업하지 못했다. 장영실도 정식 교육을 받지 못했다. 이처럼 정규 교육을 받지 못했지만 천재로 남은 사람도 많다.

21세기 혁신 기술의 아이콘, 스티브 잡스 역시 정규 교육과정을 채 마치지 않았으며 어린 시절부터 천재성을 드러낸 것도 아니었다. 오히려 불우한 어린 시절을 보냈다. 학교에 빠지는 날도 많았다.

하지만, 무언가에 빠지면 그것에만 몰두할 정도로 집중력이 강했던 잡스는 스티브 워즈니악과 애플을 공동 창업하고 큰 성공을 거뒀다. 자기가 만든 회사에서 쫓겨나는 수모를 겪기도 했지만 다시 현업에 복귀해 열정을 쏟았으며, 애플의 최고 경영자가 됐다.

그의 천재성은 선불교에 심취하거나 디자인에 빠지는 등 남들이 하지 않는 색다른 경험을 많이 하고, 이런 경험을 통해 다양한 지식과 아이디어를 얻어 이를 새로운 무언가를 만드는 동력으로 활용했다는 점에 있다.

당신도 천재, 혹은 한 분야의 거장이 되고 싶은가. 이들의 남다름을 닮도록 노력하면 된다. 에디슨 같은 발명가가 되고 싶으면

에디슨처럼 행동하고 이순신 같은 장군이 되고 싶으면 이순신처럼 행동하라. 그러면 자신도 모르게 그들과 닮은 사람이 돼 있을 것이다. 어떤 일을 추진하다 막히면, 그 방면에서 창의적인 최고 전문가를 떠올려보라. '내가 만일 그분이었다면 어떻게 했을지' 생각해보고 그의 행적을 찾아보라. '그는 역시 남다른 면이 있었구나. 하지만 나는 그가 한 것보다 더 좋은 방법으로 해볼 거야.' 하는 생각이 미치면 그보다 훌륭한 사람이 될 가능성이 충분하다.

'배우가 그 인물에게 가까이 다가가기 위해 무던히 노력하면 어느 날 작품 속 인물이 손을 내민다.' 이는 연극배우 손숙 씨가 연습이 잘 되지 않아 울고 있을 때 연출가 이해랑 선생이 들려준 이야기이다.

남이 잘하는 분야를 모방하여 배우는 것을 벤치마킹이라 한다. 과학자가 되려면 아인슈타인 같은 세계 최고의 과학자를, 축구 천재가 되고 싶으면 축구의 황제 펠레를 벤치마킹 대상으로 삼으라. 그리고 어느 정도 실력이 붙으면 벤치마킹 대상을 넘어 한 번 더 도약해 보라. 그 분야에서 가장 성공했다고 인정받는 사람을 벤치마킹하고, 나아가 그 사람보다 더 좋은 습관을 갖는 것. 이보다 빨리 성공에 이르는 지름길은 없다.

## 고정관념의 매듭풀기

고대 영웅 알렉산더 장군은 군대를 이끌고 고르디움이라는 도시에 머물고 있었다. 그곳에 주둔해 있는 동안 알렉산더는 그 도시의 유명한 '고르디아스의 매듭'에 관한 소문을 들었다. 누구든 매듭을 푸는 사람은 왕이 된다는 소문이었다. 흥미를 느낀 알렉산더는 매듭을 풀어보려고 부하에게 자신을 그곳으로 안내하도록 했다. 그러나 아무리 매듭을 살펴보아도 매듭의 끝을 찾을 수가 없었다. '이 매듭을 풀지 못하면 어떡하지?' 부하들 앞에서 체면이 말이 아닐 터라, 알렉산더는 더욱 초조해지기 시작했다. 이때 묘안이 번개처럼 스쳤다. "이런 것은 내 방법대로 푸는 수밖에 없지." 알렉산더는 단도를 꺼내 매듭 중간을 잘라 버렸다. 이리하여 알렉산더는 왕이 되었다.
콜럼버스는 달걀의 끝을 깨트려 세웠다. 우리나라 현대그룹의 정주영 회장도 서산 개척지 공사 때 밀려오는 바닷물을 폐유선으로 막아 개척을 성공시켰다. 고정관념을 깨고 문제 해결의 중심축을 옮겨 성공한 예들이다.
지금 당신 앞에 프랑스에서 100년간 숙성된 좋은 포도주가 있다고 가정해보자. 모처럼 귀한 손님이 찾아와 한 잔 하려는데 이게 웬일인가. 포도주 병은 코르크 마개로 단단히 봉해져 있는데 마개를 딸 오프너가 없다. 코르크 마개를 따지 않고도 포도주를 마실 수 있을까. 마침 병이 예술작품처럼 아름다운 것이어서 깨트릴 수도 없다면, 어떻게 해야 할까.

이쯤 되면 술 마시는 것을 포기하는 사람이 대부분일 것이다. 술을 안 마시면 간단하지만 질 좋은 프랑스산 포도주를 그냥 놔두기는 너무 아깝지 않은가. 고정관념에 사로잡히면 풀리지 않을 것이다. 머리를 다시 한 번 유연하게 굴려봐야 한다. 알렉산더 장군과 콜럼버스가 그랬던 것처럼.

답은 간단하다. 코르크 마개를 밀어 넣으면 된다. 문제의 중심을 과감히 옮기라. 중심만 이동하면 문제라고 할 것도 없다. 그냥 답이 보이니까. 지금 당신이 끙끙거리고 있는 문제가 혹시 이와 비슷한 것은 아닌지 생각해 볼 필요가 있다.

## 휴머니즘 속에 숨은 아이디어

다이너마이트를 개발한 스웨덴의 노벨은 자신이 사망했다는 신문 보도를 보고 깜짝 놀랐다. 멀쩡히 살아있는 자신을 죽었다고 하다니. 하지만 더 놀라운 것은 그 기사의 제목이었다. '죽음의 상인, 운명하다'. 발명가로 불릴 줄 알았던 자신을 가리켜 죽음의 상인이라 한 것에 큰 충격을 받은 것이다. 노벨은 평생 모은 전 재산을 스웨덴 왕립과학아카데미에 기부하고 인류 발전에 크게 기여한 사람에게 주는 노벨상을 설립했다.

기술은 급속도로 발전하지만 휴머니즘이 퇴색되는 요즘이다. 아직 충분히 기능을 발휘할 수 있는 제품임에도 불구하고 손쉽게 버리는 경우도 이런 세태를 보여주는 한 단면이다. 최근 성행하는 명예퇴직이니 조기퇴직이니 하는 것도 같은 맥락일 터. 아직 충분히 일할 수 있는 능력과 의욕을 갖고 있음에도 기업의 경제적 이윤을 위해 일방적으로 폐기당하는 것이다.

신제품, 신기술에 밀려 멀쩡한 제품들이 버려지거나 아직은 소중한 경험과 노하우를 충분히 살릴 수 있음에도 불구하고 퇴직을 강요하는 것은 모두 휴머니즘 상실에서 오는 것이다.

기업을 운영하는 것도, 창의성을 공부하는 것도 휴머니즘을 배제하고서는 존립할 수 없다. 설사 기업이 어쩔 수 없이 퇴직을 강요해야만 한다면, 먼저 퇴직자들이 인간다운 생활을 할 수 있도록 배려가 선행돼야 한다. 제품도 마찬가지이다. 신기술 개발로 기존 제품을 폐기해야 한다면 먼저 이로 인해 환경이 파괴되지 않도록 대책을 강구해야 한다. 무작정 신기술을 개발할 것이 아니라 이로 인해 밀려나는 기존 제품을 최대한 활용할 수 있는 용도 개발이 앞서야 한다. 이는 최소한의 기업윤리이자 의무이다.

휴머니즘은 인간의 사랑을 추구하지만 자연도 사랑해야 한다. 다행히 '재생경영' 운동이 벌어지고 있으니 환영할 일이다. 폐기 처분한 냉장고를 생산 현장에서 각종 공구를 보관하는 함이나, 예쁘게 색칠한 뒤 강아지 집으로 사용했더니 훌륭한 제품으로 거듭났다.

물자만 재활용할 것이 아니라 육체적으로나 정신적으로 더 일할 수 있는 분들을 위한 일자리도 마련돼야 한다. 이렇게 휴머니즘을 경영의 최우선 순위에 두는 것. 바로 이것이 창조적 경영이 추구하는 근본이념이다. 이제 우리 기업들도 흡사 마약과 같이 단기적인 효과만을 내는 감량경영의 중독에서 벗어나 인적자원의 재활용, 재생을 통해 기업 효율화에 앞장서야 한다.

실험용 세균으로도 항생제 페니실린을 개발해 질병으로부터 인류를 구한 것처럼, 창의력은 인간의 아픔은 덜고 기쁨은 증가시키며 자연은 덜 훼손하고 보존시키는 방향으로 발휘되어야 한다.

# 생각 씨앗을 심어라

설악산 공룡능선을 타다 바람에 쓸려 죽을 뻔한 적이 있다. 11월의 공룡능선은 칼바람으로 유명하다. 전문 산악인들도 이곳을 지날 때는 한 걸음씩 조심하며 걷는다. 몇 번을 도전하려다 포기했지만, 설악산을 전문으로 타는 후배가 자기만 믿고 따라오면 된다 해서 용기를 내어 따라나선 길이었다. 몸을 가누기도 힘들고 눈을 바로 뜨기조차 힘든 상황이었다. 그때 내 시선을 사로잡는 게 있었다. 능선 봉오리 꼭대기에 가지가 납작 옆으로 뻗은 작은 소나무가 세차게 흔들리고 있었다. 가까이 가보니 바위 틈새에 뿌리를 내려 겨우 버티고 있었다. 천년을 버티고도 남았을 거대한 바위가 소나무 뿌리에 갈라지다니 참으로 놀라운 광경이었다. 너무 신기해 소나무에 카메라 렌즈를 대려는 순간 바람에 쓸려 넘어지고 말았다. 얼굴에 몇 군데 상처를 입고 소나무를 잡고서야 겨우 일어설 수 있었다.

길을 걷는데 시멘트 바닥 갈라진 틈 사이로 작은 풀꽃이 눈에 들어왔다. 도저히 식물이 자랄 수 없을 것 같은 곳에서 꽃을 피운 거다. 그때 깨달았다. 그곳이 바위든 시멘트 바닥이든 씨앗이 떨어지면 뿌리는 내린다는 것을.

생각의 씨앗도 마찬가지다. 일단 심어야 싹을 틔우는 것이다. 환경을 탓하지 말고 생각 씨앗을 심어보자. 생각이 바뀌면 행동이 바뀌고 행동이 바뀌면 습관이 달라지고 습관이 달라지면 인생이 달라진다는 말이 있다. 다시 말해, 생각은 행동을 낳고 행동은 습관을 낳고 습관은 인생을 만든다. 인생이 달라지기 위해서는 생각이 바뀌어야 한다는 말이다.

그럼 생각을 어떻게 바꿀 것인지가 문제이다. 습관은 대개 자신도 모르는 사이에 형성되는 것이 많고 본인은 이를 깨닫지 못하는 경우가 많다. 그래서 일단 습관이 들면 고치기가 매우 어렵다. 따라서 좋은 습관을 만들려는 의지가 필요하다. 좋은 행동, 좋은 습관을 습득하기 위해서는 좋은 생각이 필수적이다.

그렇다면 좋은 생각, 좋은 가치관이란 어떤 것일까. 첫째, 인류를 위해 이바지할 수 있는 것이라야 한다. 하고자 하는 일이 인류를 위한 것인지 생각해보고 그렇지 않다면 과감히 버려야 한다. 둘째, 국가와 사회 이익에 공헌할 수 있어야 한다. 셋째, 소속된 조직의 목표와 부합하고, 자신의 발전에 기여할 수 있는 생각이어야 한다. 넷째, 남에게 피해가 되지 않는, 될 수 있으면 남에게 도움이 되는 생각을 늘 가슴에 담고 있어야 한다. 다섯째, 매사 긍정적인 생각이다. 바로 이러한 것들이 창의적인 생각의 기본이다. 아무리 기발한 아이디어라 해도 그것이 인류에 해로운 것이라면 창조가 아닌 파괴가 되기 때문이다. 이러한 좋은 생각의 조건을 충족하는 범위 내에서 남과 다른 생각의 씨앗을 뿌려야 한다.

## 뇌 세포를 자극하라

나는 농구대에서 공을 갖고 드리블할 때 아이디어가 잘 떠오른다. 농구를 하면 뛰어다니느라 발바닥을 자극하게 되고 손바닥으로 공을 치면서 자연스럽게 손과 발바닥의 신경세포에 자극을 주게 되는데, 이는 뇌세포로 연결되어 뇌 활동을 촉진하게 된다. 그래서 농구를 할 때 아이디어가 잘 떠오르는 것이다.

배가 아플 때 할머니께서 배를 쓰다듬어 주시면 자신도 모르는 사이 잠들어버린 기억을 갖고 있을 것이다. 배를 쓰다듬는 것은 장에 자극을 주어 장 활동을 촉진시키고 통증을 없애는 과학적인 방법이다. 눈이 피로할 때 손바닥을 비벼 손을 뜨겁게 한 다음 손바닥으로 눈을 지그시 눌러주고 좌로 세 번, 우로 세 번 돌려주기를 몇 차례 반복하다 보면 눈의 피로가 없어지는 것과 같은 이치다. 이는 자극을 통해 혈액순환을 촉진시키는 아주 쉬운 과학적인 방법이다.

농구처럼 손이나 발바닥의 자극을 통해 간접적으로 뇌세포의 활동을 촉진하는 방법도 있지만 손으로 가볍게 머리를 두드려주거나 이마를 두드려주는 두뇌체조 방법을 사용해도 좋다.

시간이 날 때마다 어머니가 자식을 위해 떡시루 앞에서 열심히 손을 비벼가며 기도하듯 수시로 손바닥을 비벼주고 가볍게 머리를 두드리고 손바닥으로 이마를 두드려보자.

인간의 신체는 자극을 주면 반드시 반응한다. 손바닥이든 발바닥이든 팔이든 신체 어느 부위를 자극해도 반드시 반응이 나타난다. 다만 자극을 준 부위만 반응이 나타나는 것이 아니라 이를 컨트롤하는 뇌에 자극이 전달되어 뇌도 반응을 한다. 이를 눈으로 확인할 수 없을 뿐이다.

신체 부위에 따라 뇌의 자극을 많이 받기도 하고 적게 받기도 한다. 가장 민감하게 나타나는 부분이 발바닥과 손바닥이다. 뇌에 직접적인 자극을 줄 때도 마찬가지이다. 이 세 부위에 열심히 자극을 주면 반응이 나타난다. 발바닥, 손바닥, 머리를 항상 가볍게 비벼주고 두드려주는 것이 천재가 되는 길이다.

설거지도 손 운동을 하는 좋은 방법이다. 모두가 귀찮아하고 싫어하는 일이기는 하지만 이보다 더 좋은 손 운동도 없다. 설거지를 하다보면 소화도 잘 되고 뇌 활동도 촉진된다. 생각도 정리된다. 설거지라 하지 말고 손 운동이나 소화제라고 이름 지으면 어떨까. 스트레스가 쌓이는 대신 엔도르핀이 나오기 시작한다. 이렇게 개념 하나만 바꾸어도 변화가 시작된다.

## 더 중요한 것으로 승부하라

한때 담배와 전쟁을 했던 적이 있다. 건강을 지키기 위해 반드시 담배를 끊어야겠다고 결심하고 실천에 들어갔다. 그러나 이를 실행하기 위해서는 집념이 필요하다. 주변의 수많은 유혹을 뿌리쳐야 하고 자신과의 싸움도 이겨내야 한다. 이때 내가 건 것은 나의 자존심이었다. '담배 하나도 내 의지로 끊을 수 없다면 앞으로 무슨 일을 할 수 있겠나.'라는 굳은 생각으로 끝까지 버텼다. 만일 이때 담배를 끊지 못했다면 아주 나약한 사람으로 전락해버렸을 것이다. 이처럼 아주 중요한 결심을 할 땐 자신이 아주 중요하다고 생각하는 것과 겨뤄서 이겨야겠다는 마음을 먹어야 한다.

또 하나는 건강을 위해 밥 먹는 것과 승부를 벌인 것이다. 돈을 잃으면 작은 것을 잃은 것이지만 명예를 잃으면 큰 것을 잃은 것이요, 건강을 잃으면 모든 것을 잃은 것이라는 말이 있듯이, 건강은 인생에서  가장 중요한 것이자 반드시 지켜야 하는 것이다. 건강을 지키는 방법으로 아침 단전호흡이 좋다는 결론을 내리고 이와 싸움을 벌였다. 아침밥을 안 먹는 한이 있더라도 단전호흡은 반드시 한다는 생각이었다. 어쩌다 늦잠을 잘 때도 아침 식사 대신 단전호흡은 반드시 하고 있다. 이처럼 어떤 것을 습관화하기 위해서는 자신이 가장 중요하다고 생각하는 것을 내걸고 승부를 겨뤄보라.

여기서 잠깐, 습관 이야기를 해보자. 한 연구 결과에 따르면 사람이 하는 모든 행동의 40%는 습관에 의해 결정된다. 『습관의 힘』을 쓴 뉴욕타임즈 기자 찰스 두히그는, 반복되는 습관이 우리의 일상생활, 건강, 행복 등 개인적인 삶은 물론이고, 나아가 조직, 기업, 사회 전체에까지 매우 큰 영향을 미친다고 한다. 습관이 있기 때문에 인간의 뇌는 에너지를 절약하고 좀 더 생산적인 일에 머리를 쓸 수 있다는 것. 하지만 문제는 뇌는 나쁜 습관과 좋은 습관을 구분하지 못한다는 점이다.

그렇다면 어떻게 해야 나쁜 습관을 줄이고 좋은 습관을 들일 수 있을까. 몇 가지 원칙이 있다. 우선, 자기 자신을 사랑하고 존중해야 한다. 정체성을 잃지 않고, 흔들리지 않는 강한 신념도 필요하다. 그리고 날마다 노력해야 한다. 습득하고 싶은 좋은 습관이 있다면, 치열하게 계속 노력하고, 멘토나 성공한 인생을 거울삼아 나도 할 수 있다는 믿음이 필요하다. 충동은 멀리하되, 융통성은 필요하다. 마지막으로 변화를 두려워하지 말아야 한다.

창의력 개발도 결심에서 비롯된다. 매일 한 가지씩 아이디어를 낸다든지, 다른 사람과 의식적으로 생각을 달리해 본다든지, 아이디어 상품에 관심을 기울여 본다든지, 무조건 더해보는 습관을 가져 보든지, 자신에게 중요한 것 한 가지를 걸고 창의력 키우는 습관을 들여 보면 좋겠다.

## 때로는 우회적인 방법이 통한다

모든 걸 내가 하겠다는 생각을 버리는 것에서 출발해보자. '이것을 내가 직접 해야 하나' 스스로 질문해보라. 고객이 할 수 있는 건 고객이 하게 하는 것이 낫다.

식당에 가면 '물은 셀프'라고 쓰인 표지를 쉽게 볼 수 있다. 이 표지 하나로 일손을 많이 덜 수 있게 됐다. 손님이 오면 일일이 놓아주던 수저 세트를 식탁 서랍에 넣어두고 손님이 직접 차리게 했다. 기본적인 밑반찬 김치나 깍두기도 미리 준비해 놓고 고객이 직접 먹을 만큼 덜어 먹게 했다. 최저임금이 오르자 식권을 발매하는 기계, 도서관이나 지하철에서 직접 책을 빌리거나 반납할 수 있는 기계도 등장했다. 출산율이 낮아지고 인력 조달이 어렵게 되면 서비스를 대신 할 비즈니스가 나타날 것이다. 이런 분야를 잘 살펴보면 사업 기회가 생긴다.

어떤 사람이 음료수를 개발했는데 이는 흔들어 마셔야 제맛이 났다. 그래서 제품에 흔들어 마시면 더욱 좋다고 표기해 놓았지만 소비자들은 여느 음료수와 같이 그냥 마시곤 했다. 결국 음료수의 제맛을 소비자들에게 전달하는 데 실패했다. 그래서 흔들지 않고도 흔들어 마시는 효과를 얻는 우회적인 방법을 생각하게 됐다. 공장에서 음료수 상자에 음료수를 넣을 때 입구가 아래로 가게끔 거꾸로 넣은 것이다. 소매점에서 이를 손님에게 팔 때는 자연스럽게 뒤집어서 줬다. 소비자가 흔들지 않고도 음료의 제맛을 즐기게 되어 이 상품은 히트를 쳤다.

이처럼 우회적인 방법을 사용하면 돈이나 힘을 들이지 않고도 문제를 쉽게 해결할 수 있다. 우회적인 방법은 어떻게 찾을 수 있을까. 직접 하지 않고도 해결할 수 있는 방법을 생각하라. 싸우지 않고 승리하는 방법을 찾는 것과 같은 원리이다.

## 절박함이 필요하다

재봉틀을 발명한 엘리어스 호우는 절박한 상황에 처하자 꿈속에서 답을 찾을 수 있었다. 몸이 불편해 일을 할 수 없는 호우를 대신해 아내가 삯바느질로 생계를 꾸릴 때였다. 아내의 고생을 덜어주고 싶어 고민을 하다가, 원시인들에게 붙잡혀 재봉틀을 설계해야만 하는 꿈을 꿨던 것이다.

만약 48시간 안에 만들어내지 못하면 죽음을 면치 못할 상황이었다. 그는 최선을 다했지만 성공하지 못했다. 결국 원시인들이 그를 에워싸고 창을 들이댔다. 바로 그 순간, 자신을 향해 겨눈 창끝에 난 작은 구멍이 눈에 들어왔다.

재봉틀 제작의 중요한 원리를 깨달은 것이다. 그때까지는 여느 바늘처럼 바늘의 둥근 머리 부분에 실 끼우는 구멍을 내두었기 때문에 실패했다. 그러나 원시인들이 들이댄 창처럼 바늘의 뾰족한 날 쪽에 가는 구멍을 냄으로써 문제를 해결할 수 있었다. 자나 깨나 재봉틀의 원리를 찾아내겠다는 생각으로 가득했던 호우는 마침내 꿈으로 그 보답을 받은 것이다.

어떤 문제에 부딪혔을 땐 기한을 정해두는 것이 도움이 된다. 기한 없이 일을 하다 보면 끝없이 늘어져서 결국 포기하는 경우가 많다. 때로는 한계와 결박이 필요하다. 간절함과 마감 시한이 뇌를 일하게 만들기 때문이다.

몸만 게으른 게 아니다. 뇌는 더 게으르다. 그런 뇌를 일하게 하는 방법은 두 가지다. 첫째는 간절함이 있어야 한다. 해도 되고 안 해도 되는 것이라 인식되면 뇌는 일을 안 한다. 이번이 아니면 다시는 기회가 오지 않는다든지, 이번에 놓치면 다시 못 만날 것 같은 절박함이 있어야 한다.
둘째는 마감 기한이 있어야 한다. 방학 숙제는 방학 끝나기 일주일 전에 몰아서 한다. 원고도 마찬가지다. 시간적인 여유가 있으면 글이 안 써진다. 마감 시간이 임박해야 뇌가 활발하게 움직이기 시작해 어떻게든 완성하게 된다. 하지 않으면 안 되는 틀을 만들라. 절박함과 마감 시간이 창의성을 낳는 어머니와 아버지 역할을 할 것이다.

## 최종 목표가 무엇인지 생각하라

돈을 많이 벌면 행복해질 것이라 믿는 사람이 많다. 그래서 돈을 벌기 위해 열심히 일한다. 그러나 욕심은 끝이 없어서 1억을 벌면 2억을 갖고 싶고, 2억이 생기면 3억을 갖고 싶어 한다. 우리 속담에 '쌀 99섬 가진 사람이 1섬 가진 사람의 것을 빼앗아 100섬 채운다.'는 말이 있다.

돈이란 행복을 위한 수단이지 목표가 될 수 없다. 거액 복권에 당첨된 뒤 행복해지기는커녕 더 불행해진 사람이 많다고 한다. 진정으로 행복해지고 싶다면 무조건 성공하겠다는 목표만을 좇기보다 성공을 향해 나아가는 과정도 중요하다.

모로 가도 서울만 가면 된다는 말이 있다. 이는 최종 목표를 달성하는 데는 여러 가지 대안이 있음을 보여준다. 부산에서 서울로 가는 길은 여러 가지가 있다. 대전까지 남보다 빨리 도착했다고 좋아할 일이 아니라, 아직 서울에 이르지 못했음을 알아야 한다. 대전은 서울로 오는 도중에 있을 따름이지 서울 오는 목표와는 아무 관련이 없음을 인식해야 한다. 중간 목표를 달성했다고 해서 반드시 최종 목표를 달성할 수 있는 것은 아니다. 어떤 문제를 풀 때 항상 최종의 목표를 생각해야 한다. 그래야 길을 잃지 않는다.

최종 목표를 생각할 때 '왜'를 5번 생각하고 답을 구하라. 예를 들어 전교 1등이 목표라고 생각해보자. '왜 1등을 하려 하지?'라고 자문해서 '더 좋은 학교에 진학하려고'라는 답이 나왔다. 그러면 '왜 좋은 학교를 가려 하지?'라고 자문한다. '좋은 기업에 취업하려고'라는 답을 얻었다면 다시 '왜 좋은 기업에 취업하려 하지?'라고 질문을 던진다. '돈을 많이 벌려고'라는 답을 얻었다면 '왜 돈을 많이 벌려고 하지?'라고 묻는다. '행복해지려고'라는 답을 얻고 나서 '행복하려면 이 방법밖에 없을까?'라는 생각이 들면 다른 방법을 궁리하게 될 것이다. 최종 목적지에 궁극의 목표를 두면 길을 잃지 않게 된다.

무언가에 몰입하다 보면 왜 몰입하는지 잊을 때가 있다. 그때마다 궁극의 목적지가 어딘지 자문해 보는 습관을 들여 보자.

## 나를 행복하게 만드는 '버킷리스트'

『성공하는 사람들의 7가지 습관』을 보면 세 번째 소중한 것부터 하라는 말이 있다. 이 책은 사람의 일을 '중요하고 급한 것', '중요하지만 급하지는 않은 것', '중요하지 않으나 급한 것', '중요하지도 급하지도 않은 것'으로 나누어 설명하고 있다. 이는 어떤 일을 하는데 우선순위를 정하는 기준이 된다.

중요하면서 급한 일을 매일 하다 보면 결국 항상 일에 매달리게 되어 여유를 잃게 된다. 중요하지만 급하지는 않은 일(새로운 사업 기회를 찾거나 중장기 계획을 수립하는 것 등)들을 하다 보면 자연히 급한 업무가 줄어들어 여유 있는 시간 계획을 세울 수 있다는 주장이다.

어떤 문제에 봉착하면 문제를 세분하여 우선순위를 정하는 것이 중요하다. 문제를 세분하는 과정에서 문제 자체가 해결되는 경우가 있는가 하면, 우선순위별로 문제를 풀다 보면 풀지 않아도 저절로 해결되는 것들이 있다.

웬디 스왈로우 윌리엄스의 '내가 죽기 전에 해보고 싶은 일 50가지'에 나오는 이야기이다.

> 최근에 나는 친구를 따라 화구 상점에 간 적이 있다. 친구가 화가도 아닌데 수채화 물감을 사는 것을 보고 깜짝 놀랐다.
> "나 미술수업에 등록했어." 그가 멋쩍어하며 말했다. "사실 그림 그릴 시간은 없어. 하지만 그림 그리기는 '죽기 전에 하고 싶은 일 50가지 목록'에 들어 있거든. 그래서 등록한 거야. 가끔 목록을 보면서 다음에는 무슨 일에 집중할까 결정하지. 목록을 만들기 전엔, 살면서 하고는 싶은데 시간이 없어서 하지 못하는 일들에 대해 한탄하곤 했어. 하지만 지금은 차근차근 할 일을 하고 있어."

가슴이 뭉클해지는 얘기다. 독자 여러분도 하고 싶은 일 목록을 만들어 보라. 잊고 있었던 자기 본연의 모습을 새롭게 만나게 될 것이며, 무엇이 중요한지 아닌지 알게 될 것이다.
시간은 유한하다. 하고 싶은 일을 다 하고 살 수는 없다. 하고 싶은 일 중 내가 아니면 안 되는 일을 먼저 골라낸다. 꼭 해야 할 일을 결정했다면, 지금 아니면 안 되는 일들을 다시 골라낸다. 이 중 중요도를 고려하여 우선순위를 정하면 된다. 이런 것을 적어가는 가운데 창조적인 해결방안이 떠오를 것이다.
이때 꼭 적용해야 할 것이 있다. 바로 행복을 미루지 말자는 것. 지금 당장 나를 행복하게 만들어줄 '버킷리스트'를 적어보기를.

## 아이디어 기차를 만들어라

아이디어는 또 다른 아이디어를 낳는다는 확신을 가져라.
처음 타자기를 발명했을 때는 자판을 누른 다음 자판을 너무 빨리 누르면 자판 연결선이 걸려서 작동되지 않았다. 자판 두드리는 시간보다 고치는 시간이 더 많이 걸릴 정도였다.
크리스토퍼 숄리스는 기존 타자기의 이런 결점을 개선한 타자기를 만들어냈다. 즉 글자판의 문자 배열을 빨리 치기 불편하게 재배치한 것이다. 그는 E, T, O, N, R, I 같이 자주 사용하는 문자들은 손가락을 이동시켜야만 칠 수 있도록 배치했고, E, D 같이 자주 나란히 사용하는 글자들은 같은 손가락으로 칠 수 있는 곳으로 옮겨 놓았다. 자판 배열을 조정해 타이핑 속도를 인위적으로 느리게 만듦으로써 타자기가 멈추는 것을  줄인 것이다.
이러한 발상은 간단해 보이지만 매우 혁신적인 것이다. 결국 그의 타자기는 많은 인기를 끌었고, 불행하게도 오늘날까지도 이 불편한 자판을 사용하고 있다. 이처럼 실용화를 위해서는 뒤떨어진 아이디어도 매우 유용할 때가 있다.
전구가 처음 발명되었을 때는 빛을 내는 필라멘트가 몇 분 만에 터져 버려 쓸모가 있을 것 같지 않았다. 그러나 토마스 에디슨은 여러 시간 동안 빛을 낼 수 있는 필라멘트 재료를 발명해

냄으로써 전구를 실용화시켰다. 초기에는 아이디어나 기술이 불완전하더라도 조금만 더 발전시키면 훌륭한 상품이 될 수 있다. 트랜지스터 기술을 개발한 나라는 미국이다. 그러나 이를 실용화해서 돈을 번 나라는 일본이다. 처음에 미국은 트랜지스터 기술이 실용화되려면 몇백 년 후에나 가능할 것으로 보고, 이 특허권을 사겠다는 일본 기업에 헐값으로 넘겨주었다. 그러나 일본은 이를 응용해 트랜지스터라디오를 개발하고 세계적인 성공을 거뒀다.

이처럼 초기의 개발 기술은 대부분 혁신적인 것이 많으나 실생활에서 이용하기에는 불완전한 것이 많다. 초기의 아이디어는 숙성되지 않은 것이기 때문이다. 이 아이디어의 완성도를 높이는 것은 다른 아이디어와 연결시키는 것이다. 아이디어에 아이디어를 연결하는 기차를 만들라. 내 아이디어도 연결하고 다른 사람의 아이디어도 연결하고 이미 특허기간이 만료된 아이디어도 연결하라. 정부 연구기관이나 대학 연구소 등에는 누구나 무료로 사용할 수 있는 기술들이 많다. 당장 내가 가진 아이디어가 없다 하더라도, 다른 사람들의 아이디어만 잘 연결해도 새로운 아이디어가 된다.

## 은유적 표현이 아이디어를 낳는다

문장 작법 가운데 은유법이라는 것이 있다. 어떤 사물을 표현할 때 직접적으로 그 형상을 묘사하는 것이 아니라 비슷한 것을 찾아내어 표현하는 기법이다. 직설적인 표현 방법보다는 문장의 의미를 한 번 더 생각하게 돼, 읽는 이로 하여금 숨겨진 뜻을 유추할 수 있게 여지를 남겨둔다. 따라서 작가가 당초 의도한 내용과는 약간 다른 의미로 해석될 수도 있다.

이렇게 모호한 은유적 표현은 독자의 상상력을 길러준다. 이 상상력은 창의력으로 이어진다. 프랑스 작가 아나톨 프랑스는 "안다는 것은 중요하지 않다. 상상하는 것이 가장 중요하다."라고 말했다. 본래의 뜻과 다른 의미로 해석하는 것. 그 자체가 이미 창의성의 개념을 포함하고 있는 것이다.

은유법을 이용하여 아이디어를 개발하면 매우 효과적이다. 미국 칼라마주 시에서는 공무원들이 주차장 건설을 의회에 제의하면서 시를 차용한 아이디어를 냈다. '주차장은 냉장고다'라는 시적 은유를 써서 냉장고에 음식을 임시로 보관하듯 주차장도 임시로 차를 수용하고, 냉장고 디자인은 부엌과 조화를 이뤄야 하듯 주차장도 주위 경관과 조화를 이루도록 지어야 한다고 제안한 것이다. 시의회는 이 제안을 흔쾌히 받아들였다.

은유법을 이용한 아이디어 창출 훈련 방법은 아래와 같다.

첫째, 주어진 문제를 한 문장이나 한 단어로 표현한다.
둘째, 문장 안의 단어를 하나씩 바꾸어본다.
셋째, 이렇게 만들어진 문장을 비교 평가한다.
넷째, 각 문장을 비교, 검토하며 새로운 힌트를 찾아낸다.

'현재 직업에 만족하고 있지만, 욕구를 충족시켜 줄 만큼 임금을 받지 못한다.'는 문제가 있다고 가정해보자. 우선 '직업'이라는 단어를 '직업들'로 바꾸어보자. 그럼 '부업'을 떠올려 볼 수 있다. 또는 '돈을 벌 수 있는 취미'로 바꾼다면 '취미를 살려 팔 수 있는 서비스와 상품을 만든다.'는 방법이 떠오를 것이다. '욕구'를 '소망'으로 바꿔보면, 욕구가 충족되지 않아도 행복해질 수 있는 방법을 찾아볼 수 있을 것이다. '만족한다.'를 '불만족스럽다.'라는 말로 바꿔보면 '만족은 덜하더라도 근무시간이 짧은 직업으로 바꿔야겠다.'는 생각이 떠오를 것이다.
시인이 시를 쓰더라도 그것을 해석하는 것은 독자의 몫인 것처럼, 아이디어도 마찬가지다. 아이디어를 낸 사람과 이를 받아들이는 것은 별개의 것이다. 중의적이고 모호한 표현은 다른 해석을 가능하게 하고 이를 통해 더 많은 아이디어를 생산할 수 있게 한다.

## 상상이라 쓰고 현실이라 부른다

스포츠 심리학에서 실시하는 심리훈련 중 '이미지 트레이닝'은 머릿속으로 최상의 모습을 그려보면서 연습을 하는 방법이다. 예를 들면 골프 선수가 목표 지점을 향해 골프채를 휘두르기 전, 골프공이 날아갈 각도와 방향, 날아가면서 그리는 포물선 등을 머릿속에 그려보는 것이다. 실제로 유명 프로 골프 선수 중에는 이런 이미지를 이용하여 좋은 성적을 내는 경우가 많다.

우리나라 여자 탁구 선수와 양궁 선수들도 이미지 트레이닝을 통해 슬럼프를 극복하고 좋은 성적을 올릴 수 있었다. 심리적 안정이 절대적으로 필요한 양궁 선수들은 심상훈련과 명상법으로 큰 도움을 얻는다. 동전만 한 금색 과녁을 농구공만 한 크기로 그려보는 것이라든가, 표적지를 뒤집어 붙이고 활을 쏘는 방법, 눈에 보이지 않는 과녁의 원을 떠올려 보는 이미지 트레이닝이 효과를 거두고 있는 것이다.

미국 일리노이 대학에서는 농구 선수들을 다음과 같이 세 그룹으로 나누어 한 달 동안 실험을 해보았다. 매일 체육관에서 슈팅 연습을 한 그룹. 어떤 연습도 하지 않은 그룹. 슈팅 연습은 전혀 하지 않았지만 이미지 트레이닝을 했던 그룹.

특히 세 번째 그룹은 기숙사에 머물면서 체육관에서 연습하고 있는 자신들의 모습을 상상했다. 날마다 30분씩 볼을 던져 득점하는 장면을 그려보고 점점 기량이 향상돼가는 모습도 상상했다. 즉 날마다 마음으로 연습을 한 것이다.

한 달 후 이 세 그룹을 테스트해 보았다. 실제로 매일 슈팅 연습을 한 첫 번째 그룹은 득점률이 25% 향상했다. 어떤 훈련도 하지 않은 두 번째 그룹은 아무 진전도 없었다. 마음속으로만 훈련했던 세 번째 그룹은 실제 연습을 한 첫 번째 그룹과 똑같은 향상률을 기록했다.

이미지 트레이닝의 효과는 사람마다 다를 수 있다. 그러나 안 한 것보다는 좋은 결과를 가져온다는 것을 증명하는 사례가 많다.

목표가 실제로 이루어진 것처럼 항상 시각화하고 현실로 이루어질 수 있음을 믿으라. 매일 목표를 마음속에 그리다 보면 언젠가는 현실로 다가올 것이다. 특히 정밀가공을 한다든지 정신집중을 필요로 하는 업무에 큰 도움이 된다.

## 무딘 연필이 천재의 기억력보다 낫다

아이디어는 우리를 기다려주지 않는다. 번개처럼 순식간에 떠올랐다 한순간에 사라지는 것이 아이디어다.
초현실주의 화가 살바도르 달리는 반쯤 잠이 든 비몽사몽 상태에서 그림의 소재를 얻곤 했다. 그는 한 손에 열쇠를 든 채 팔걸이의자에 앉아 열쇠 바로 밑바닥에 접시를 놓았다. 그가 잠이 들려고 하면 열쇠가 접시에 떨어져 소리를 냈다. 그러면 잠에서 깨어나 자신이 보았던 신비한 영상들을 스케치하곤 했다.
누구나 완전히 잠들기 전에는 놀라운 지각 경험을 한다. 달리는 그중 일부를 포착할 수 있는 방법을 개발했을 뿐이다.
어느 고생물학자가 바위에 새겨진 선사시대 물고기 화석을 발견했다. 그러나 완전한 것은 아니어서 나머지 부분은 어떤 모습이었을까 늘 머릿속에 그리고 있었다. 그러던 어느 날 꿈속에서 완전한 모습의 뼈대를 보고 다음날 아침 그 모습을 그려보려 했지만 안타깝게도 생각이 나지 않았다. 몇 차례 꿈속에서 물고기 뼈를 보긴 했지만 완전한 모습을 그리는 데는 실패했다. 하루는 잠들기 전, 오늘은 꿈속의 물고기 뼈를 기필코 그리겠다는 의지로 침대 곁에 연필과 종이를 준비해 두었다. 마침내 꿈속에 물고기 뼈대 모습이 나타나자 벌떡 일어나 어둠 속에서 완전한 물고기의 모습을 완성할 수 있었다. 이처럼 새로운 해결방안이 될 만한 아이디어는 꿈속에서라도 기록해둬야 한다. 아무리 유용한 아이디어를 생각해 낸다 해도 그것을 기억할 수 없다면 아무 소용이 없다.
자연 현상을 보고 아이디어가 떠오르면 그대로 스케치하거나 사진을 찍어 두면 된다. 운전 중에 아이디어가 떠오르면 메모하는 것이 그리 쉬운 일이 아니다. 따라서 소형 녹음기를 항상 준비해 둬야 한다. 아이디어가 떠오르면 임시로 녹음해 두었다가 한가한 시간에 정리하면 된다.
텔레비전을 보다가도 많은 정보를 만날 수 있다. 이 또한 예고된 것이 아니라 순간적으로 지나치는 것이 많아 스위치만 누르면 녹화할 수 있도록 만반의 준비를 해두어야 한다. 링컨의 모자는 '움직이는 사무실'로 유명했다. 떠오르는 생각을 언제든지 기록할 수 있도록 모자 속에 종이와 연필을 넣어뒀기 때문이다. 슈베르트는 아름다운 악상이 떠오르면 입은 옷에라도 즉시 기록을 했다고 한다. 아이디어는 발상보다 기록이 더 중요하다. 떠오른 아이디어를 잘 기억해내고 기록하는 것이 관건이다. 무딘 연필이 천재의 기억력보다 낫다고 하지 않던가.

쉬어가기

## 행복 종잣돈이 되는 마음 화폐

인간의 행동은 행복으로 귀결된다. 행복을 결정하는 요소는 건강, 돈, 일, 환경, 인간관계 등이다. 이중 인간관계는 건강이나 일, 돈과 밀접한 관계를 맺고 있고 영향을 미치기도 한다.

그러나 일이나 건강, 돈에 투자하는 관심과 시간에 비해 인간관계는 소홀히 하는 경향이 있다. 아무리 돈이 많아도, 아무리 건강해도 결국 인간관계가 틀어지면 행복은 바람처럼 사라진다. 그렇다면 인간관계를 잘 맺는 방법은 없을까?

큰 부자가 되려면 먼저 사람의 마음을 사야 한다고 한다. 사람의 마음을 사려면 무엇을 지불해야 할까? 물건을 살 때와 마찬가지로 그 대가를 지불해야 하는데 그것이 무엇인지 곰곰이 생각해 볼 일이다.

비트코인 같은 가상화폐는 보이지도 않고 만질 수도 없다. 보이지 않는 가상화폐를 갖고 물건을 사기도, 서비스를 이용하기도 한다. 가상화폐는 '채굴한다'는 표현을 쓴다. 보이지는 않지만 컴퓨터에 꼭꼭 심어놓았다가 캐낸다. 사람의 마음을 사는데도 가상화폐 같은 것이 필요하다. 그 돈을 마음 화폐, 즉 행복 종자돈이 되는 화폐라 이름 지어 보았다.
이는 사람의 마음을 살 때 필요한 12종의 화폐다. 이 마음 화폐는 행복을 캐는데 활용된다. 쓰면 쓸수록 늘어나는 마법의 화폐다. 줄어드는 법이 없고 늘 증식한다. 다 알고 있는 평범한 것이지만 실천으로 옮기기까지는 끊임없는 채찍질과 반성, 성찰이 필요하다.
다음 페이지에 소개하는 마음 화폐를 읽고 또 읽으면 그 진수가 어느 날 문득 가슴을 헤집고 둥지를 틀 것이다. 일생 동안 마음의 양식으로 삼기를 기대하며 이 화폐를 독자 여러분께 선물로 드리고자 한다. 이 글을 읽고, 이 화폐를 다른 사람에게도 선물해보라. 그 길이 행복의 길이다.

## 마음 화폐 12종

1. 미소 말보다 미소가 먼저. 미소 스위치를 켜고 '스마일 마일리지'를 쌓아보라.
2. 배려 나보다 상대가 먼저다. 상대가 편하면 나도 저절로 편해진다.
3. 인정 먼저 서로 다름을 인정하고 알아주고 칭찬으로 이어가라.
4. 위로 슬픔에 빠진 사람에게는 위로와 격려의 말을 건네자. 슬픔이 반으로 줄어든다.
5. 경청 들어주고 맞장구치며 공감해주는 것, 흥과 용기를 선물로 주는 것이다.
6. 섬김 만나는 모든 사람을 스승으로 섬겨라. 배움의 눈이 저절로 열린다.
7. 책임 말이 입 밖에 나오는 순간, 일이 내 손을 떠나는 순간 책임이 시작된다.

8. 긍정 선과 악 등 모든 것은 양면이 존재한다. 선택에 따라 행과 불행이 결정되므로, 긍정적인 마음가짐이 유리하다.
9. 겸손 겸손은 사람을 모으고 자만은 사람을 쫓는다. 겸손하면 스승이 나타난다.
10. 감사 밥에 먼저 감사하라. 밥이 몸과 마음을 만들고 감사는 나를 완성한다.
11. 열정 평생 가슴 설렐 꿈 하나를 가슴에 품어라. 꿈에 불탈 때 지원군이 나타난다.
12. 친절 친절은 봉사다. 애인을 보듯 사람을 반겨라. 사람이 자산이다. 사람부자가 진짜부자다.

"

아이디어를 낼 때는 자신의 마음도 잘 살펴야 한다

편견이 있거나 사고가 편중돼 있으면

제대로 된 아이디어를 낼 수 없기 때문이다

"

# Chapter 3.

# 톡톡 튀는 아이디어를 잡는 노하우

## 시대에 맞는 새로운 단어를 만들어보자

인간의 욕망은 꼬리에 꼬리를 물고 끊임없이 이어진다. 이러한 욕망은 기술을 낳고 기술은 또 다른 기술을 낳는다. 이러한 개발에 뒤따르는 것이 새로운 단어의 탄생이다. 이것들은 대부분 영어이거나 일본 사람들이 영어를 조합해 만든 말인 경우가 많다. 인터넷, 컴퓨터, 소프트웨어, 인트라넷, 디지털, CD롬, DVD, 로봇, 3D프린터, 드론 등은 미국에서 태어나 세계 공용어가 되었다. 제품이 먼저 만들어지고 그와 관련된 단어는 나중에 만들어진 것이다.

여기서 발상을 전환시켜 보자. 기술 진보에 따라 단어가 만들어지는 것이 아니라, 단어를 먼저 만들어 놓고 그에 맞는 기술을 개발하면 어떨까. 이름을 먼저 짓는 것이다. 그게 뭐가 중요하냐고 반문하는 사람도 있겠지만 이는 아주 중요한 의미를 갖고 있다.

상상을 초월할 만큼 발달한 현대기술은 신기술의 개념만 정립되면 어떤 형태로든 그 기술에 걸맞은 제품을 만들어 낼 수 있는 수준에 올라섰다. 즉 콘셉트를 먼저 구상하고, 그에 맞는 이름을 우리말로 정한 다음 제품을 개발하는 것이다.

아직 이 세상에 없는 기술, 상품, 식물, 동물, 서비스 등의 이름을 만들어 내야 한다. 예를 들면 '뿌리에는 고구마가 달리고 열매는 토마토가 달리는 식물'이라는 콘셉트를 먼저 정하고 우리말로 "고토"라 이름을 짓는다면, 이 식물은 우리말로 전 세계에 알려질 것이다.

동물의 유전자를 식물에 투입했더니 더욱 잘 자랐다는 보도가 있는가 하면 복제인간, 컴퓨터 인간을 만들어 이미 성공한 사례도 소개되고 있다. 머지않아 동물과 식물의 중간체인 그 어떤 형태의 새로운 것이 태어날 수도 있을 것이다. 그렇다면, 이 특이한 생명체의 이름부터 짓고 연구를 시작해보면 어떨까.

## 우뇌와 좌뇌의 조화

크게 성공한 사람을 보면 우뇌와 좌뇌가 골고루 발달된 경우가 많다. 학교 교육에서는 소홀히 취급되는 우뇌 개발이 창조적인 사고와 성공의 열쇠로 작용한 것이다.

현행 교육제도는 초등학교 고학년부터 서서히 언어에 의한 해설과 이해가 중심이 되고, 고등학교 2, 3학년 정도가 되면 이런 경향이 극도에 이르러 음악이나 미술처럼 감각을 다스리는 우뇌에 기대어 학습하는 과목조차 이론 중심으로 치우친다. 학생들은 '음악적으로 생각'하거나 '시각적으로 생각'하기 위해 음악, 미술을 배우는 것이 아니라 시험에 합격하기 위해 이들 교과서를 언어적으로 암기할 수밖에 없다.

최근에는 논리적인 학과목에 시간을 더 많이 배정하고 미술, 음악, 체육 시간을 줄이거나 제외하는 경우도 있다. 문제는 논리적인 학과목 일색이면 머리가 피로해져서 학생들이 더 이상 공부를 소화할 수 없는 포화 상태에 빠지게 된다는 것이다. 미술이나 체육 수업을 교실에서 언어로 배울 게 아니라, 각각 그림을 그리고 연습과 신체 단련을 통해 배우면 우뇌가 활성화된다. 좌뇌와 우뇌를 조화롭게 사용해야 직관력이 좋아지고 균형 감각 있는 인재가 될 수 있다.

## 아는 만큼 보이고 보이는 만큼 믿는다

인간은 눈, 코, 입, 귀, 손의 오관을 갖고 있다. 보고, 냄새 맡고, 맛보고, 듣고, 만져보는 것으로 정보를 수집한다. 그런데 우리가 수집한 정보의 83%는 눈으로 본 것이다. 그래서 '보는 것이 믿는 것'이라는 말이 나온 것 같다.

오관 중 어느 하나 중요하지 않은 것이 없지만, 보는 것은 특히 중요하다. 아이디어를 낼 때도 역시 보는 것이 큰 비중을 차지한다.

우리 기술자들은 해외공장을 보면 한눈에 대부분의 노하우를 알 수 있다고 한다. 사진을 찍을 필요도 없이 선진 공장의 모습을 눈으로 담아와 자사의 시스템을 개선했다는 사례가 무수하다. 선진국이 공장 문을 꼭꼭 걸어 잠그는 이유도 여기에 있다. 상품을 사러 왔다고 해야 일부만 개방하는 것이 일반적이다.

많이 보는 것, 이것이 바로 아이디어를 내는 노하우다. 전시도 보고, 박물관도 보고, 영화도 보자. 때로는 야시장에 가보기도 하고 구석진 곳도 살펴보자. 뿐만 아니라 아이디어를 낼 때는 자신의 마음도 잘 살펴야 한다. 마음에 편견이 있거나 사고가 편중돼 있으면 제대로 된 아이디어를 낼 수 없기 때문이다.

## 문제 너머로 생각을 넓혀라

미국 운송 업체 페더럴 익스프레스의 멤피스 중간 기착지. 이 회사 경영진은 심야에 멤피스로 들어오는 비행기들 간의 운송물 배송 시간이 지체되는 일이 잦아져 애를 먹고 있었다.
계획대로라면 4시간 안에 모든 물류의 집하가 완료돼야 하는데, 이륙시간이 다 되어서야 간신히 완료되곤 했다. 직원들이 일을 신속하게 처리하지 못하는 것이 분명했으나 이를 개선하려는 모든 노력들이 실패로 돌아갔다. 마침내 경영진은 직원들이 초과근로 수당을 벌기 위해 고의로 일을 지연시키고 있음을 알았다. 경영진은 현재의 보수를 보장해주면서 일을 일찍 마치고 퇴근할 수 있도록 제도를 정비했다. 그랬더니 물류 집하 지연 문제가 해결됐을 뿐만 아니라 전력비, 수도비 등 간접비도 줄일 수 있었다.
이처럼 특정 문제에 집착해 그 문제만 풀려 하면 해결이 어려운 경우가 많다. 따라서 드러난 문제 이면의 것을 알아차릴 수 있는 지혜가 필요하다.
성남시 수서 방면에 있는 대원터널 부근 편도 3차로 커브 길에서는 과속으로 인한 교통사고가 끊이질 않았다. 과속을 줄이려고 점멸등을 설치하고 부근에 무인 감시카메라를 달아놓았지만 과속은 좀처럼 줄지 않았다. 또한 급커브 길의 중앙선 침범을 방지하기 위해 우레탄 고무로 된 규제봉을 박아보기도 했지만 성과를 보지 못했다.

그러자 경찰은 볼거리를 제공해 감속을 유도한다는 방침을 세우고 200미터 도로에 50센티미터 간격으로 오색 바람개비를 설치했다. 그랬더니 운전자들이 바람개비를 보려고 속도를 낮춰 교통사고를 대폭 줄일 수 있었다고 한다.

우리는 어떤 문제에 봉착했을 때 그 문제를 중심으로 생각하는 경향이 강하다. 그 문제와 맞부딪혀 해결하려 하지 말고 조금만 생각을 틀어 보면 보다 나은 답을 찾을 수 있다. 물은 흐르다 장애물을 만나면 돌아간다. 바위를 만나면 뒤로 돌아가던지 땅속으로 들어가 흐른다. 물이 지상으로만 흐르라는 법은 없다. 지상으로 흐를 수 없다면 땅속으로 흐르거나 수증기가 되어 공중으로 날아갈 수도 있다. 방법이 없는 게 아니다. 생각이 모자랄 뿐이다. 단면만 보는 평면적 사고가 아니라 3차원, 4차원으로까지 생각을 확장하면 아이디어가 샘물처럼 솟아나기 마련이다.

## 제3의 영역을 넓혀라

검은 것은 검고, 흰 것은 희다. 검은 것이 흰 것이고, 흰 것이 검은 것이다.

어느 것이 맞는 말일까. 앞 문장은 맞고 뒤 문장은 틀리다고 하면 좋은 아이디어를 내기 어렵다. 검은 머리도 나이가 들면 희어지고, 흰머리도 염색하면 검게 된다. 명백한 사실도 시간의 경과에 따라, 장소에 따라 달라질 수 있다.

높다, 낮다, 기쁘다, 슬프다, 그렇다, 아니다, 무겁다, 가볍다. 이런 표현들을 잘 살펴보자. 높낮이를 표현할 때는 높지도 않고 낮지도 않은 중간 정도 되는 것이 더 많다. 감정 또한 기쁘거나 슬프지도 않은 덤덤한 때가 더 많다.

문제를 풀 때 우리는 '그렇다, 아니다'라는 식으로 답을 내는데 익숙하다. 그러나 이 세상에는 그렇지도 않고 아닌 것도 아닌, 중간쯤 되는 것이 더 많다. 다만 우리가 익숙하지 않을 뿐이다.

흑백이 분명히 가려지는 상황보다 애매하고 불분명한 상황이 더 많은 현실에서는 '이것 아니면 저것'이라는 식의 경직된 사고보다는 좀 더 유연한 접근이 필요하다.

실제로 요즘에는 애매모호함을 수학적으로 푸는 '퍼지이론'을 적용해 생활의 편리를 추구하는 제품도 많이 나오고 있다. 전기밥솥의 기능을 예로 들어보겠다. 예전에는 밥의 온도가 내려

가면 자동으로 밥을 데워주고, 밥이 데워지면 더 이상 온도가 올라가지 않았다. 그러나 새로 등장한 퍼지 밥솥은 온도를 좀 더 세밀하게 통제하고 열을 가해주기 때문에 온도 유지는 물론 밥맛도 더 좋다.

현대 사회에서 풍요를 누리려면 양 극단은 선택하지 말아야 한다. 단정적인 표현보다는 해석의 여지를 남겨두는 넉넉한 마음이 필요하다. 일등이 아니면 끝이라는 식은 언제나 불안하다. 중간 부분이 더 넓고 포근하다는 사실을 잊지 않기를.

## 상상의 날개를 달면 새로운 세상이 보인다

상상력은 인간의 중요한 능력 중 하나다. 정보화 사회에서는 상상력이 자산이다. 인위적으로라도 상상력을 키우려면 '만일 이렇게 하면 어떨까'라는 질문을 던지는 것이 좋다.
특히 영화는 상상력을 자극하는 매체인 동시에 상상력에 의해 만들어진 것이 대부분이다. 인간의 상상 속에 묻힐 뻔한 이야기들이 급속한 기술의 발달로 현실화되고 있는 것이다. 이처럼 상상력은 기술을 낳는 원천이다.
영국의 덴함은 1857년에 이미 자동판매기를 발명했다. 당시 영국에서는 동전을 넣으면 움직이는 놀이기구가 유행했다. 동전의 무게로 기구를 작동시키는 것이었다. 덴함은 이 원리를 이용해 자동판매기를 만들면 매우 유용하게 사용할 수 있겠다는 생각을 했다. 덴함은 1페니를 넣으면 그 무게에 의해 우표가 나오는 자동판매기를 발명했다. 그러나 이 자동판매기는 투입한 동전의 진위 여부를 감지할 수 없어 바로 상용화되지는 못했다. 1880년대에 와서 이를 응용한 공중전화기가 등장했고 1900년대부터 자동판매기가 각광받기 시작했다.
소설가 닥터로우는 3개월 동안 글을 쓰지 못하고 있었다. 어느 날 그는 넋을 잃고 벽지를 바라보다 문득 이 집은 얼마나 오래되었을지를 생각했다. 그는 집이 1900년대 초에 지어졌다는 사실을 알아냈다. 그리고 상상력을 발휘해서 1900년대 장면과 소리, 향기, 감정 등을 놀라울 만큼 섬세하게 묘사한 『래그타임』을 완성할 수 있었다.
상상력은 포도가 말라죽는 땅에서도 건포도 왕을 만들어 내는 힘이 있다. 다음은 상상력을 높여주는 질문들이다.

사람이나 동물의 뒤통수에도 눈이 달려 있다면?
밥을 먹지 않고도 살 수 있다면?
하루는 남자, 하루는 여자로 살 수 있다면?
인간이 죽지 않는다면?
내가 말 못하는 사람이라면 어떻게 판매를 할까?
일주일 만에 일 년치 계획을 완수해야 한다면?
내가 컴퓨터라면?
종이가 없는 세상이라면 어떻게 기록을 남길까?

이런 질문은 새로운 상상을 낳는다. '언제, 어디서, 누가, 무엇을, 어떻게, 왜, 얼마나, 누구에게'라는 단어를 이용해 꼬리를 물어 가며 질문을 던지면 새로운 상상의 세계가 펼쳐진다.

## 관리하려 하지 말고 보이게 하라

눈으로 보기만 해도 관리가 되도록 만드는 것을 '눈으로 보는 관리'라고 한다. 일본 생산 현장에서는 이미 일반화되어 있고 우리 기업에서도 확산 일로에 있다.

예를 들면 생산 실적을 매일 보고하는 대신 게시판에 그래프로 나타내, 보기만 해도 현황을 알 수 있도록 하는 것이다. 별도로 보고서를 작성할 필요도, 결재를 받을 필요도 없다. 동료에게 알릴 필요도 없다. 사람들이 자주 드나드는 현관에다 부착하기만 하면 된다. 불량품에 대해서도 따로 설명할 필요가 없다. 불량품을 내놓고 불량이 난 곳을 알아보기 쉽게 표시해놓으면 여기저기서 이를 해결하기 위한 아이디어를 내놓는다.

이런 방법은 생산 현장뿐만 아니라 사무실, 가정에도 적용할 수 있다. 외국인이 많이 왕래하는 장소에 숙박이나 교통, 쇼핑, 대회장소 등을 도식화하는 것이나 공사 중인 거리에서의 낙하 위험 표시, 현장에서의 주의 표시, 금연구역 표시 등 다방면에 응용할 수 있다.

재고를 헤아려볼 필요도 없다. 적정 재고 부문에 붉은 선을 그어놓고 재고가 그 선에 이르면 자동으로 발주하면 되는 것이다. 이렇게 눈으로 볼 수 있도록 해놓으면 관리에 드는 시간을 대폭 줄일 수 있을 뿐 아니라 단품되는 것도 예방할 수 있다.

어떤 측면에서 보면 관리는 불필요한 것이다. 관리하지 않아도 되도록 시스템을 만들면 된다. 눈으로 보고 쉽게 확인 가능하거나 위험요소를 빨리 인지할 수 있도록 하는 것, 또 정 위치에서 물건을 쉽게 찾고 갖다 놓을 수 있도록 하는 것이 바로 눈으로 보는 관리이다.

특별히 관리하는데 노력과 비용이 소요되지 않도록, 눈으로 보기만 해도 관리가 되도록 바꿔보자. 보는 그 자체가 관리이자 보고이며, 감독이 되도록 말이다.

## 잠자는 동기를 깨워라

동기부여는 발상의 원천이다. 누구나 한 번쯤은 누군가로부터 '아이디어를 내주십시오.'라는 부탁을 받아 보았을 것이다. 동기가 강하면 강한 만큼 좋은 아이디어와 활력을 얻을 수 있다. 일을 시키는 사람의 동기를 강하게 하는 방법을 소개한다.
우선, 스스로 일에 흥미를 느낄 수 있도록 그 방면의 정보를 제공하고, 맡기고자 하는 일의 중요도와 전망, 그 일을 수행함으로써 개인의 발전을 도모할 수 있다는 점을 부각시킨다. 어느 날 갑자기 불쑥 업무를 맡기면 저항하는 경향이 있고, 하고자 하는 의욕을 불러일으키기 어렵다. 따라서 스스로 관심과 흥미를 가질 수 있도록 환경을 조성해 주어야 한다.
그리고 스스로 역할과 목표를 정할 수 있도록 자율성을 부여하고 그에 따른 책임과 권한을 위임한다. 추진과정이 계획된 일정에 따라 착실히 진행되는지 보고하게 하고 선의의 경쟁심을 유발하도록 자극을 준다. 결과는 공정하게 평가하고 성과에 대해 보상 또는 경제적인 인센티브를 제공한다.

이처럼 남에게 동기를 유발시켜 일의 능률을 얻는 방법도 있지만, 스스로 동기부여를 할 수 있도록 노력하는 자세가 필요하다. 다음과 같은 방법을 제안한다.

**첫째, 어린이 같은 호기심을 갖자.** 주변의 사물을 볼 때 무심코 지나치는 것이 아니라 문제의식을 갖는 자세가 중요하다. 어린아이 눈에는 모든 것이 신기해 보이는 것처럼 어떤 사물을 대하든지 처음 보는 듯 호기심을 갖는 습관을 길러야 한다.
사물뿐만 아니라 사람을 대할 때도 상대의 언행, 관심사 등에 세심한 주의를 기울인다. 다른 사람들의 생각은 나와 어떻게 다른지, 왜 그렇게 생각하는지 관심을 갖는 습관을 길러야 한다. 과학자들은 관찰력이 뛰어난 사람이 많다. 보고 들은 것을 당연하게 여기지 않고 의문을 갖고 그것을 해명하고자 하면 동기가 점점 강해진다.

**둘째, 높은 이상을 추구하라.** 이상을 추구하는 과정에서 새로운 원리나 원칙이 발견되기도 한다. 예를 들어보자. 우리 인간에게 에너지는 매우 중요한 문제이다. 특히, 현재 대량으로 사용하고 있는 석탄, 석유, 천연가스 등은 21세기 내에 고갈된다고 한다. 이러한 자원 대용으로 개발된 것이 원자력이다. 원자력 발전은 우라늄 등의 방사선 물질을 핵분열 시켜 에너지를 얻는 방법이다.
원자력 발전은 그러나 위험이 커서 대체 에너지 생산원을 개발해야 한다는 주장이 제기되고 있다. 이에 따라, 우리 인체의 에너지 전환시스템을 응용한 새로운 에너지원 개발이라는 이상적인 목표를 세울 수 있을 것이다.
현재 전기 에너지를 얻는 방법은 화력 발전이나 원자력 발전에서 수증기 형태의 에너지를 증기 터빈으로 돌려내는 방식이다. 효율이라는 관점에서 보면 여러 가지 문제가 생길 수 있다. 그런데 우리 인체는 신비하게도 37도의 체온으로 산소를 이용해 에너지를 만들어낸다는 사실에 착안하면, 환경문제를 일으키지 않는 인체의 에너지 전환시스템과 닮은 에너지 생산 방식에 대해 연구할 수 있을 것이다. 이처럼 이상을 추구하는 것은 새로운 아이디어를 내는 동기를 제공하는 것임에 틀림없다.

**셋째, 요청에 적극적으로 응하라.** 우리는 개인, 기업, 사회로부터 많은 요청을 받으며 살아간다. 누군가의 요청은 아이디어를 구상하기 위한 매우 중요한 동기가 된다. 따라서 어떤 요청을 받았을 때는 적극적으로 해결하려는 자세가 필요하다. 바로 이것이 아이디어를 낳는 계기가 되기도 한다.

**넷째, 과제를 구하라.** 과제를 구하는 것은 문제의식을 갖는 것이다. 현재 하고 있는 일에 불편한 점은 없는지, 복잡하지는 않은지, 번잡하거나 시간이 많이 걸리지 않는지에 대해 생각해 보면 해결해야 할 과제가 떠오른다. 이러한 과제의 발견은 아이디어 생산의 좋은 동기가 될 것이다.
인간의 본능적인 욕구를 충족시키는 기술을 생각해 보면 많은 동기가 생긴다. 예를 들면 인간의 의식주, 생로병사에 대한 문제로부터 벗어나기 위해 어떤 기술이 필요한지를 생각해 보면 자연스럽게 강한 동기가 생긴다.

**다섯째, 감수성을 키워라.** 감수성은 감성이라고도 불리며, 이는 무언가를 대할 때 순수성을 갖고 민감하게 반응하는 능력이다. 감동은 감성에 의해 일어나는 대표적인 감정이다. 앞에서 언급한 바와 같이 호기심을 갖거나 이상을 추구하거나 과제를 발견하는 타입의 인간은 감수성이 강하다.

감수성이 강한 사람은 보통 사람이 일반적인 것으로 받아들이는 현상에서도 남다른 것을 느끼기도 한다. 이 느낌이 아이디어 생산에서 중요한 역할을 한다. 또한 아이디어를 냈을 때 크게 감동하고, 이는 다음 아이디어를 만들어내는 중요한 원동력이 된다. 감수성이 강한 사람은 '아이디어맨'이 될 가능성이 충분하다.

**여섯째, 끈기를 키워라.** 인간은 본래 게으르기 때문에 도중에 타협하고 목표를 바꾸기도 하며 낮추기도 한다. 초지일관 관철하려는 의지가 없으면 최종 목표에 이르기 어렵다. 집념, 집착, 의지는 좋은 아이디어를 내는데 없어서는 안 될 필수조건이다.

## 최고의 개선은 문제를 아예 없애는 것

양은 질을 커버한다는 말이 있다. 양이 많으면 그중에 좋은 것이 있다는 이야기다. 아이디어도 마찬가지이다. 보잘 것 없는 아이디어가 때로는 결정적인 해결의 실마리를 제공할 수도 있다. 문제를 해결하기 위해서는 다방면의 아이디어를 수집하라. 아이디어를 수집하는 과정에서 그 방면의 전문가가 될 수도 있고 문제를 풀지 않아도 되는 경우가 생긴다.

아이디어를 많이 모으는 방법 중 '브레인스토밍'이라는 것이 있다. 자유로운 토론으로 창조적인 아이디어를 끌어내는 방법이다. 여러 사람이 모여 자신의 이야기와 아이디어를 나누다 보면, 제3의 아이디어가 쏟아지기 마련이다. 브레인스토밍이란 이렇게 새로운 아이디어가 쏟아지는 '두뇌 폭풍' 상태를 말한다.

브레인스토밍을 할 때는 비판이나 평가를 삼가고 잘 들어주는 태도가 필요하다. 새로운 아이디어를 내는 데 위축되지 않도록 하기 위해서다.

아이디어를 모아 문제를 개선해나갈 때, 가장 좋은 것은 그 문제 자체를 없애는 것이다. 얼마 전까지만 해도 전축은 디스크와 바늘이 있어야 했다. 바늘을 오래 사용하면 음반에서 직직거리는 소음이 나거나 제 음을 내지 못했다. 바늘을 갈아주는 일도 성가시기도 하거니와 추가로 돈이 소요된다.

'전축 바늘을 어떻게 개선할 것인가'라는 주제를 놓고 아이디어를 찾는다고 해보자. 아마 바늘을 오래 사용할 수 있는 방법이 많이 나올 것이다. 이때 '아예 바늘을 없애버리면 어떨까?' 하는 아이디어, 이것이 바로 최고의 개량이다. CD는 바늘 없는 전축, 바로 그것이다. 요즘은 CD도 필요 없이 음원으로 들을 수 있게 되었다.

우리나라는 기름이 한 방울도 나지 않는다. 그런데 자동차는 자꾸 늘어나 매년 유류 소비로 인한 무역적자가 증가한다. '기름을 적게 들이고 달릴 수 있는 자동차'에 대한 연구가 시작될 것이다. 차를 작게 만들자거나 무게를 줄이자는 등 다양한 아이디어가 나올 수 있다. 바로 이때, '기름 없이도 움직일 수 있으면 좋겠다.'는 생각이 최고의 개선을 낳는 것이다. 전기 자동차, 태양열 자동차가 연구되어 이미 상용화되었다. 무인 자동차도 등장했다. 우리 주변에는 이런 것들이 많이 있다.

때로는 문제를 해결한답시고 앞만 보며 질주하기보다 유연하고 효율적인 사고로 많은 노력을 들이지 않고도 개량을 추구하는 지혜가 필요하다.

## 가르치는 대신 보여주기

미국의 케네디 집안은 매주 특정 주제를 정해놓고 각자 그 주제에 대해 일주일간 생각한 다음 식탁에 둘러앉아 자연스럽게 자기 의견을 말한다고 한다. 이 이야기를 듣고 한참 동안 멍했다. 우리 가족은 같은 주제를 놓고 일주일간 함께 생각해본 적이 있는지 자문해 보니, 불행하게도 그런 기억은 없었다. 가족의 공통된 관심사이든 식구 어느 개인의 문제이든 동일한 주제를 놓고 함께 고민하고 그 문제를 풀어보려는 노력, 바로 이런 것이 가족을 하나로 묶는 끈이요 사랑이라는 데 생각이 미치자 가정을 잘못 이끌어왔다는 자책감이 앞섰다.

당장 문방구로 달려가 화이트보드 하나를 사들고 와 고심 끝에 이렇게 적었다. '재현아, 재윤아. 오늘 너희들은 주어진 일에 최선을 다하고, 친구들 마음을 아프게 하는 말을 하지는 않았니?'

며칠이 지난 8월 어느 날, 초등학교 6학년 막내 재윤이가 이렇게 말했다. "아빠, 집안에 갑자기 얼음이 얼어요?" 삼복더위에 웬 얼음이 언다는 건지, 혹시 넘어져서 머리에 이상이 생겼나 해서 깜짝 놀랄 수밖에 없었다. 아이는 화이트보드의 글씨를 가리켰다. "세상에 저런 썰렁한 얘기가 어디 있어요?"

신중을 기해 쓴 글이건만 아이가 볼 때는 썰렁하다 못해 얼음이 얼 정도란다. 며칠을 두고 나를 고민하게 하는 말이었다. 정말 아이들과 부모의 생각이 이렇게 다를 수 있나? 우리 가정만 이런 것일까?

며칠 후 혼자 결론을 내렸다. '그래도 적어야 된다. 아이들이 보든 말든. 어쩌다 한 번쯤은 읽어보고 아빠의 생각이 무엇인지 알아주겠지.' 하며 일주일 간격으로 교훈적인 말들을 열심히 적었다.

한동안 아이들은 관심조차 보이지 않았다. 그래서 방향을 바꾸어 다시 칠판에 이렇게 적었다. '하루에 한 가지씩 서로 칭찬하기'. 그리고 우리 네 식구 이름을 나란히 적고 아이들 이름 옆에 매일 한 가지씩 칭찬을 적어갔다. 말썽꾸러기 녀석들이지만 잘 생각해보니 칭찬거리가 많았다. '오늘은 노트정리를 잘했구나.'와 같은 시시껄렁한 것부터 열심히 적어갔다. 며칠 후 반응이 나타났다. 내 이름 옆에도 누군가 이렇게 적은 것이다. '아빠는 술을 참 잘 마셔요.'

아이들의 눈은 정확하다. 말로 가르치려 하지 말고 직접 행동으로 보여주라. 부모가 가르치려 하면 반발하여 오히려 역효과를 가져오기 쉽다. 묵묵히 행동으로 보여주고 따라오기를 기다리라.

아이들이 가진 잠재적 능력 중 창의성은 말로 가르쳐서 깨우칠 수 있는 게 아니다. 먼저 솔선수범하고 보여주고 기다려주면서 자라나게 도와주는 것일 뿐이다.

## 고민을 털어놓는 마당이 필요하다

병은 자랑하라는 말이 있다. 아무리 몹쓸 병도 그 병을 자랑하는 순간 절반은 치료된 것이다. 혼자 고민하던 것을 밖으로 내뱉으면서 스트레스가 어느 정도 해소되어 기분전환이 되기 때문이다.

고민을 털어놓고 도움을 청하는 사람에게 등 돌릴 사람은 없다. 고민을 혼자 안고 있는 것은 자존심을 지키는 것도, 문제를 해결하는 것도 아니다. 고민은 마치 가래 같은 것이다. 뱉어내기가 어렵지 뱉으면 시원하다. 부끄럽다고 생각할 일도 아니다. 누구나 고민을 가지고 있다. 고민을 해결하는 방법은 숨기지 않고 시원하게 털어놓는 것이다.

제조 기업에서 불량 문제를 다루는 것도 마찬가지다. 불량을 숨길 것이 아니라 드러내놓고 자랑하라.

내가 잘 아는 어느 기업은 불량품이 나오면 사장이 담당자에게 책임을 묻는 등 엄하게 다루었다. 덕분에 불량이 눈에 띄게 줄긴 했다. 사장은 직원들을 더욱 몰아붙여 '불량제로'를 달성하라고 요구했다. 결국 불량제로까지 달성시켰다. 모두 기쁨에 들떴다.

그런데 감사 결과, 생산된 제품 수에 비해 원재료가 터무니없이 많이 들었다는 게 밝혀졌다. 알고 보니, 문책 당하는 게 두려웠던 직원들이 불량제품이 나오는 족족 모두 땅속에 묻어버렸던 것이다.

가정이나 사회생활도 마찬가지다. 실수를 저지른 아이에게 계속 벌을 주면 잘못을 감추려고만 할 것이다. 이런 부정적인 경험은 앙금이 남아 더 큰 화를 부를 수 있다.

실수를 허물없이 말할 수 있는 분위기, 고민을 털어놓고 상담할 수 있는 분위기가 조성되지 않으면 창조적인 도전에 뛰어드는 풍토를 만들 수 없다. 창조적인 혁신은 실수를 두려워하지 않는 토양에서라야 꽃피울 수 있다.

이때, 리더의 역할이 중요하다. 구성원들이 역량을 최대한 발휘하도록 하려면 실수에 대해 심하게 질책하거나 절차를 무시하고 결과만을 놓고 책임을 물어서는 안 된다. 오히려 리더가 갖춰야 할 중요한 능력 중 하나가 소통이다. 리더는 자신이 책임지고 있는 팀에서 소통 창구 역할을 해야 한다. 요즘 너도 나도 이야기하고 있는 '소통 리더십'이다.

소통 리더십을 발휘하기 위해서는 구성원들과 공감대를 형성하고 팀원들의 '서로 다름'을 인정하고 이를 활용할 줄 알아야 한다. 그래야 팀에서 추진하는 일들에 걸림돌이나 실수가 없다. 좋은 아이디어를 많이 얻고 이를 융합시켜 성과로 이어지게 하려면 무엇보다 조직 내에서 원활한 소통이 이루어지도록 해야 할 것이다.

쉬어가기

## 송아지 달린 소나무를 꿈꾸다

우리 집 막내 아이가 네 살 때 일이다. 어느 날 아이들이 좋아하는 포도와 여러 가지 과일을 사들고 집에 들어갔다. 막내는 신이 나서 포도를 한 입 가득 물고 이렇게 물었다.

아들 : 아빠, 포도는 어디서 나는 거야?
아빠 : 포도나무서 난단다.
아들 : 그럼 바나나는 ?
아빠 : 그야 바나나 나무서 나지.
아들 : 그럼 사과는 사과나무서 나겠네.
아빠 : 그렇지.
아들 : 아! 그럼, 우리 소나무를 많이 심자.
아빠 : 왜?
아들 : 소나무에는 소가 많이 달릴 테니까, 우리 부자가 될 수 있잖아.

네 살배기 아이는 유머를 모르지만 우리 집 식구들을

한바탕 웃겼다. 어린아이의 순수한 유추력이 어른들에게 웃음을 준 것이다. 어른은 자연의 이치를 알고 논리적이어서 이런 유추는 할 수 없다.

그렇다면, 어린이의 호기심과 순수함에 어른들은 왜 웃음을 터트릴까? 일반 상식과 논리를 뛰어넘는 아이의 시선이 어른들에게 신선한 해방감을 주기 때문이다.

사람들은 흔히 자기의 지식과 경험, 사회통념에 따라 생각하고 판단하는데, 그 기준을 벗어날 수 있는 사고력이 바로 창의력이다. 그래서 창의력과 웃음은 떼려야 뗄 수 없는 관계에 놓이게 되나 보다.

일반적인 통념을 깨고 언어나 제스처로 표현되면 유머요, 제품으로 만들어지면 아이디어 제품이요, 서비스로 표출되면 감동 서비스로 이어진다. 되도록 많은 사람들을 웃게 하고 남을 즐겁게 하는 힘, 그것이 바로 창의력이다.

“

창의성은 후천적인 노력의 결과다

운동선수가 훈련을 통해 근육을 키우듯

창의성도 노력을 기울이면 기울인 만큼 향상될 수 있다

”

# Chapter 4.

# 실전, 창의력 연습

## 후천적으로 기르는 창의력

대부분의 사람들이 창의성은 태어날 때부터 결정된 것으로 잘못 알고 있다. 그러나 창의성은 후천적인 노력의 결과다. 운동선수가 훈련을 통해 근육을 키우듯, 창의성도 노력을 기울이면 기울인 만큼 향상될 수 있다. 지금부터는 창의력을 키우는 연습을 해본다.

4부에 소개할 내용은 창의성을 발전시킬 가능성이 있는 다양한 영역에서 ①창의력의 핵심 원리를 추출하고 ②이 원리를 응용해 만든 상품이나 서비스를 찾아보고 ③여기서 힌트를 얻어 새로운 아이디어를 생각해보고 ④이를 다시 구체적인 상품이나 서비스로 발전시켜 보는 형식을 취했다.

내용을 읽고 질문에 응답하다 보면 창의적으로 사고하는 방법을 익히게 될 것이다. 아이디어가 고갈돼가는 사람, 어디서 아이디어를 얻어야 할지 모르는 사람, 떠오른 아이디어를 어떻게 발전시켜야 할지 알고 싶은 사람, 맡은 일을 좀 더 창의적이고 혁신적으로 해내고 싶은 사람, 창업을 꿈꾸는 사람에 이르기까지 '아이디어 생산'의 비밀을 알고 싶은 모든 사람들에게 유용할 내용이다.

# 기능 더하기

더하기를 배울 땐 숫자를 더하는 법부터 배운다. 하지만 더하기 원리 중 숫자를 더하는 것은 아주 작은 부분에 지나지 않는다. 숫자 외에도, 사물을 더하거나 기능을 더하고, 서비스를 더하는 방법을 배웠다면 어릴 때부터 남다른 비즈니스 감각을 키울 수 있었을 것이다.

세상에는 더하지 못할 게 없다. 더하기로 인해서 인류가 발전하는 것이다. 더하는 인지능력이 없었다면 지금도 미개인 생활을 면치 못했을 것이다.

예를 들어보자. 고구마와 토마토를 더하면 무엇이 나올까? 엉뚱해 보이지만, 이미 이런 식물이 나와 있다. 뿌리에는 고구마, 줄기엔 토마토가 열렸다. 심지어 나무 한 그루에 수십 가지 과일이 달리는 나무도 만들어졌다. 뿌리가 튼튼한 나무에 다른 과일 나무를 접목한 것이다. 날로 발전하는 유전공학 기술로 어떤 것도 만들 수 있다. 다만 이런 발상을 안 했을 뿐이다. 이처럼, 무엇이든 더할 수 있다는 자신감이 있어야 아이디어로 연결된다.

기능을 더해서 새 제품이 탄생한 경우를 보자. 지금 우리가 사용하는 볼펜이 나오기 전, 처음에는 새 깃털에 잉크를 찍어 썼다. 잉크가 자꾸 흘러 내려 불편해지자 펜촉을 만들게 되었고 이것을 깃털에 붙여 사용했다. 그러다 잉크와 펜을 같이 들고 다니기 귀찮아지니, 이를 하나로 합친 것이 만년필이다. 만년필은 펜촉과 튜브, 그리고 잉크가 더해져서 탄생했다. 그런데 이마저도 불편해서 펜촉 대신 작은 볼을 끼워 볼펜이 되었다. 아직 끝이 아니다. 볼펜 하나에 여러 가지 색심을 끼운 다원색 볼펜에 이어, 볼펜과 시계, 볼펜과 온도계, 볼펜과 LED를 더한 반디펜까지 등장했다.
아이들이 좋아하는 간식 핫도그도 치즈를 더하고, 오징어 먹물을 더하고, 가래떡을 더하는 등 여러 음식 재료를 더해 메뉴를 개발한 결과, 큰 인기를 끌고 있다.

✚ 주변에 있는 제품 중 더하기 원리를 이용해 만들어진 제품을 찾아 적어보자.

..............................

..............................

..............................

✚ 더하기 원리를 이용해 새롭게 만들어 보고 싶은 제품을 적어보자.

..............................

..............................

..............................

## 서비스 더하기

이제는 제조업보다 서비스 업종에 종사하는 인구가 더 많아졌다. 부가가치도 서비스업에서 더 많이 창출되는 시대이다. 최근 십여 년 사이 아마존, 애플, 구글, 알리바바, 마이크로소프트, 페이스북 등 서비스 중심의 IT 관련 기업들이 100년이 넘은 제조업들을 제치고 매출 상위 그룹에 올라선 것도 눈여겨봐야 한다.

산업의 중심축이 서비스업으로 옮겨가고 있는 만큼, 서비스 영역에서도 더하기 기능을 활용해 발전을 이끌어내면 좋겠다.

우선, 서비스와 서비스를 더해 새롭게 만들어낸 서비스를 살펴보자. 주유소는 자동차에 기름을 넣는 곳이다. 그런데 요즘 주유소는 자동 세차시설을 구비한다. 뿐만 아니라 편의점도 들어와서 웬만한 물건은 여기서 다 살 수 있다. 현금 인출기를 들여놓은 주유소도 많이 볼 수 있다. 바쁜 사람들이 간단히 요기를 할 수 있도록 김밥이나 샌드위치를 파는 곳도 늘고 있다.

궁하면 통한다고, 경쟁이 심한 곳에 새로운 서비스가 생긴다. 주변에서 어디가 경쟁이 심한지 잘 살펴보라. 배울 게 많을 것이다.

한 집 건너 생기고 있는 스마트폰 매장. 거기서 어떤 서비스를 제공하는지 살펴보라. 스마트폰 사용법을 가르쳐주는 것은 물론이고, 다른 부가 서비스들도 늘고 있다. 안경점에서 시력 검사는 기본이고, 무료로 커피를 제공하는 등 안경점인지 커피숍인지 구분이 안 될 정도로 안락한 시설을 갖춘 곳도 많다.

✚ 주변에서 서비스와 서비스를 더하여 새로운 서비스가 만들어진 사례를 찾아보자.

✚ 더하기 원리를 이용해 개선해보고 싶은 제품이나 서비스, 새롭게 만들어보고 싶은 제품이나 서비스를 적어보자.

## 기계와 서비스 더하기

지하철역이나 대형 빌딩에 가면 주민등록증이나 인감증명 발급 등 다양한 서비스를 제공하는 민원 발급기를 볼 수 있다. 불과 몇 년 전만 해도 주민등록 관련 서류나 졸업증명서 등을 발급받으려면 해당 동사무소나 학교를 찾아가야 했다.
어디 이뿐인가. 집에서도 컴퓨터만 있으면 웬만한 민원서류는 발급받을 수 있다. 외국에서 수입해 사용하던 기계나 설비가 고장 나면 고칠 때까지 수 주일이 걸리곤 했다. 전문가가 없을 경우, 제조 기업에 출장을 요청해 수리를 받아야 했기 때문이다. 하지만 지금은 컴퓨터로 연결해 원격 조정이 가능한 제품들이 많아졌다. 앞으로 사물인터넷 기술이 접목되면 거의 다 이런 형태로 발전할 것이다.

✚ 각자 일하는 분야에서 기계와 서비스가 접목된 사례들을 찾아 적어보자.

........................................................................................................

........................................................................................................

........................................................................................................

## 제품과 예술 더하기

지금까지 여러분이 생각한 '더하기를 응용한 제품이나 서비스'들은 아주 기본적인 것들이다. 이밖에도 응용할 수 있는 분야가 수없이 많다. 이제 차원을 조금 높여, 눈에 보이지 않는 예술 분야에도 더하기 원리를 적용해보자.

이를 테면 제품과 예술, 서비스와 예술을 접목하는 것이다. 더 세분화하면 제품과 음악, 제품과 미술, 제품과 영화, 제품과 학습 등 기상천외한 더하기가 가능할 것이다. 특히 사람의 마음을 움직이려면 제품과 서비스에 감성을 더해보라. 그러면 제품에 생명이 깃들 것이다. 생명력이 그리 쉽게 생기지는 않겠지만 자꾸 물을 주어보라. 그럼 제품이 작품이 된다.

제품에 스토리를 입히는 것도 더하기의 한 방법이다. 제품에 스토리가 입혀지는 순간 그 제품의 가치는 기하급수적으로 올라간다. 최근 지방자치단체들이 지역 특산물과 문화재, 관광지의 스토리를 발굴하는데 심혈을 기울이는 것도 그런 맥락에서다. 현대인들은 제품을 살 때 기능만 사는 게 아니라 스토리를 산다. 제품 기획단계에서도 기능보다는 먼저 스토리를 짜야 작품이 된다. 제품을 기획할 때, 기능보다 먼저 디자인 콘셉트를 정하고 거기에 맞춰 제품을 개발하는 것과 같은 이치이다. 디자인이나 스토리가 더 큰 부가가치를 만들어내기 때문이다.

✚ 제품과 예술을 접목시켜 서비스를 제공하는 분야를 찾아보자.

✚ 제품에 스토리를 입혀 성공한 사례들도 찾아 적어보자.

✚ 제품이나 서비스에 예술을 접목하여 개발해보고 싶은 새로운 제품이나 서비스를 적어보자.

## 미래의 직업 찾기

50여 개국의 미래 전문가와 학자, CEO들이 만든 「UN미래보고서」에 의하면 2030년까지 20억 개의 일자리가 없어지고 현존하는 일자리의 80% 정도가 사라진다. 또한 옥스퍼드 대학교 마이클 오스본 교수가 발표한 「미래 고용보고서」를 보면, 20년 이내 현재 직업의 47%가 사라진다고 한다. 이 밖에도 많은 미래학자들이 일자리가 사라질 것이라고 예측하는데, 그 원인은 새로운 기술이 계속 개발되기 때문이다.
기존 일자리를 소멸시키는 대표적인 기술로는 사물인터넷, 클라우드, 첨단로봇, 무인자동차, 인공지능, 생명공학, 3D프린터, 나노기술 등이 있다. 이 분야의 인력은 계속 늘어날 것이다. 이미 인공지능, 로봇 분야의 전문가는 각국에서 스카우트 경쟁이 심화되고 있다.
이에 따라 기업 형태에도 큰 변화가 예상된다. 지금처럼 직원을 많이 고용하는 형태는 줄어들고 소수 직원을 고용하는 기업이나 1인 기업이 늘어날 것으로 보인다. 누구도 정확히 예측하기는 어렵겠지만 직업세계의 대변화는 어쩔 수 없는 현상이다. 직업에 대한 상상력이 필요한 시기가 된 것이다.

✚ 최근 급속히 사라진 직업을 10가지 이상 찾아보자.

✚ 또 새롭게 등장한 직업을 10가지 이상 적어보자.

✚ 미래에 새롭게 생겼으면 하는 직업과 본인이 갖고 싶은 미래의 직업에 대해 적어보자.

## 덜어내는 삶

다이어트, 미니멀리즘, 소소하지만 확실한 행복을 추구한다는 '소확행' 등. 요즘 라이프 스타일은 삶에서 불필요한 것이나 욕심을 덜어내는 패턴으로 가고 있다. 기업들도 제품이나 서비스에서 필수 기능만 남겨두는 경향이 나타난다. 핵심에 집중하는 것이다.
물질이 부족하던 시절에는 하나라도 더 가지고 얻으려고 노력했다면 물질이 넘쳐나는 현대에는 무엇을 어떻게 뺄지 궁리하게 된다. 물질을 가져서 행복한 것도 있지만 가진 것에 비례해 관리에 소요되는 시간과 감정 소비가 늘어나 피곤한 경우도 많기 때문이다. 덜어내서 단순화하면 비용이 줄어들기도 하지만 오히려 힘이 증가하는 경우도 많다.
우리 주변의 상품을 잘 살펴보면 빼기를 응용해 만들어진 제품들이 많이 있다. 요즈음 새로 나오는 타이어는 대부분 튜브가 없다. 튜브가 없으니 펑크가 날 일도 없다. 카메라는 필름이 필요 없는 디지털 카메라가 나와 필름 걱정 없이 마음껏 사진을 찍게 되었다. 씨앗이 없는 수박을 개발해 먹기도 편하고 쓰레기 배출도 줄었다.
제품의 기능이나 서비스의 종류만 뺄 수 있는 게 아니다. 체중조절을 예로 들어보자. 식단에서 설탕이 들어간 음식, 나트륨이 많이 들어간 반찬만 빼도 살이 빠져 몸매도 건강도 좋아진다. 물론 돈도 절약된다. 빼는 것은 비용을 줄이고 기능을 향상시키고 관리를 편하게 하고 아름다움을 만드는 일이다. 더할 땐 더하지만 뺄 때는 과감하게 빼는 게 좋다.

마음의 군살도 뺄 수 있다. 쓸데없이 남의 일에 상관하지 말고 발을 빼면 구설수에 오르지 않고 생활이 단순해진다. 내 성격에서 색깔을 빼면 사람이 모여들고, 욕심을 빼면 평화가 찾아온다.

✚ 주변에서 빼기를 응용해서 만들어진 상품이나 서비스를 찾아 적어보자.

..........

..........

..........

✚ 더하기나 빼기를 응용하여 만들고 싶은 상품이나 서비스를 적어보자.

..........

..........

..........

# 사이버 세상 예측하기

2007년 스마트폰이 개발된 이후, 사이버 세상에서 보내는 시간이  급속도로 늘어나고 있다. 특히 젊은 세대일수록 사이버 공간에서 보내는 시간이 많다.
영화, 쇼핑, 스포츠 등 현실세계에 있는 것들은 대부분 사이버 공간에도 존재한다. 현실세계에는 없는데 사이버 공간에만 존재하는 것도 점점 늘어나고 있다.
현실에서는 불행해도 사이버 세상에서는 행복한 경우도 많다. 현실에서는 인정을 못 받지만 사이버 공간에서는 영웅이며, 현실은 가난해도 사이버 공간에서는 부자이기도 하다. 사이버 공간에서 부자가 되어 현실에서도 부자가 되는 경우도 있다. 현실세계의 친구보다 사이버상의 친구가 더 많고 이들과 마음을 터놓고 이야기하는 시간도 늘어나고 있다.
이제 이런 질문을 던져볼 때가 되었다. '나는 사이버 세상과 현실세계 중 어디에서 더 많은 시간을 보내는가? 사이버 세상에서 보내는 시간이 많다면 나는 사이버 인간인가? 현실세계의 인간인가?'
하지만 이 같은 성찰과 더불어, 사이버 세상은 기회의 땅이라는 사실을 잊지 말아야 한다. 이 땅에 삶의 터전을 먼저 구축하는 자가 승자가 될 것이다. 대표적인 사이버 플랫폼 기업, 애플이나 구글, 아마존, 페이스북은 전통 제조업의 가치를 초월하여 세계 10대 기업의 상위를 차지하고 있다. 우리나라에서도 마찬가지다. 창업한지 10년도 안 된 게임 회사들이 제조업들의 매출을 넘어서고 있다. 자본의 흐름이 제조업에서 IT 기업으로 급속도로 이동하고 있다. 바로 여기, 기회가 있다.

✚ 사이버 공간과 현실세계 중 어디서 시간을 보낼 때 더 행복한가.

✚ 10년 후 사이버 관련 기업들이 어떻게 변할지 상상해보자. 그 가운데 내가 해보고 싶은 일은 무엇인가.

## 소리를 어떻게 활용할까

아기가 스스로 대소변을 해결할 수 있도록 돕는 멜로디 유아변기가 미국과 프랑스 등 해외로 수출되고 있다. 이 제품은 대소변을 볼 때 시냇물 소리나 웃음소리가 나온다. 소리의 파장을 조절하여 자동차 소음을 듣기 좋은 파도 소리로 바꾼 자동차도 등장했다.

시각을 보완하는 방법으로 소리를 이용하면 다양한 효과를 연출할 수 있다. 언제부터인가 지하철을 타면 환승역에서 경쾌한 음악소리를 들을 수 있다. 책이나 신문을 보거나 졸다가 자칫 바꾸어 타야 할 곳을 놓치는 경우가 많아, 경쾌한 음악소리를 들려줌으로써 누구나 환승역이라는 것을 알 수 있도록 한 것이다.

눈으로 확인이 어려운 것은 소리로, 소리로 구분이 어려운 것은 눈으로 볼 수 있게 하면 사고나 실수도 줄이고 능률도 올릴 수 있다. 작업 현장의 소음으로 소리가 잘 들리지 않을 때 지게차 위에 비상등을 달아 눈으로 볼 수 있게 하고, 안 보이는 곳에서는 경보음을 울려 사고를 예방하기도 한다.

✚ 주변에서 소리를 이용하여 만들어진 상품이나 서비스를 찾아 적어보자.

✚ 소리를 응용해서 만들고 싶은 상품이나 서비스를 적어보자.

## 안 보이는 것을 볼 수 있게

눈에 보이지 않는 것을 숫자나 지수로 표현하면 객관화할 수 있다. 무게는 보이지 않지만 저울을 개발하여 객관화시켰다. 시간도 보이지 않지만 시계라는 도구를 만들어 가늠토록 했다. 지능의 좋고 나쁨은 겉으로는 알 수 없지만 IQ지수를 개발하여 판단이 가능해졌다. 빠르고 느린지 정확히 알 수 없던 것을 속도계를 개발하여 측정이 가능토록 했다. 이처럼 눈에는 보이지 않지만 지수나 점수로 나타내어 상품이나 서비스를 개발할 수 있다.

✚ 눈으로 볼 수 없는 것을 보이게 한 상품이나 서비스를 적어보자.

..........

..........

✚ 보이지 않는 것을 보이게 하면 편리한 상품이나 서비스를 적어보자.

..........

..........

## 숫자 연상

좋은 전화번호 하나가 매출을 좌우한다. 기억하기 쉬운 전화번호는 수 천만 원의 가치가 있다. 기억하기 쉬운 ID나 홈페이지 도메인은 수 억 원에 매매되기도 한다. 평범한 숫자에도 특별한 의미를 부여하면 쉽게 기억할 수 있다. 3행시로 표현해도 기억하기 쉽다. 어느 회사는 상품명으로 3행시를 공모하여 시상하기도 한다. 적은 비용으로 상품 홍보도 하고 고객의 관심을 유도하는 좋은 방법이다.

✚ 숫자나 3행시 등을 이용해 기억하기 쉽도록 한 사례를 찾아 적어보자.

✚ 자신의 이름이나 상품 이름으로 3행시를 지어보자.

# 경계 허물기

사무실이 지리적으로 일정한 장소에 있어야 한다는 생각을 버려야 한다. 정보통신 기술이 발달함에 따라 노트북과 스마트폰 하나만 있으면 어디든 사무실이 될 수 있다.

한국 IBM에서는 모빌오피스라는 제도를 실시해 사무공간을 대폭 줄이는 데 성공했다. 모든 사람이 책상을 하나씩 가져야 한다는 고정관념을 깨고 도서관처럼 비어 있는 책상에 먼저 앉으면 그날의 주인이 되는 것이다. 출근도 꼭 사무실로 해야 하는 것이 아니라 집에서 바로 영업처로 갈 수 있도록 했고 웬만한 업무는 스마트폰이나 컴퓨터로 처리토록 했다.

요즘은 아예 집에서 근무하는 재택근무 제도가 생겨 사무실에 출근하지 않고도 회사에 다니게 되었다. 이 같은 소호Small Office Home Office, SOHO 제도는 작은 사무실을 지향하고 집을 사무실처럼 사용하는 것을 말한다. 사무실과 가정의 경계가 무너지고 있는 것이다.

대학에서도 인문계와 공대의 경계가 무너지고 있다. 이런 현상은 앞으로 점점 더 심화될 전망이다. 최근 서울대는 4차 산업혁명을 선도할 인재를 양성하기 위해 전공 간 벽을 허물고 인공지능, 사물인터넷 분야를 함께 가르치는 이색 교과목을 개설하기도 했다.

산업에서는 한 가지 특정 기술로만 제품을 만드는 것이 아니라 여러 가지 기술을 활용해 하나의 제품을 완성하는 경우가 많다. 이에 부응하여 교육 과정과 교육계에 큰 변화가 일어날 것으로 예상된다. 기업과 학교의 벽도 무너져 가고 있다. 기업에서 일하며 배우는 '일-학습 병행제'라는 제도도 있고 대학이 창업을 지원하기도 한다.

✚ 주변에서 업무의 경계, 장소의 경계가 무너지는 현상이 있는지 살펴 적어보자.

.................................................................

.................................................................

.................................................................

✚ 벽이 쳐지면 소통도 어렵고 효율도 떨어진다. 경계를 넘어 새롭게 혁신하고 싶은 서비스 분야는 무엇인가.

.................................................................

.................................................................

.................................................................

## 최적의 온도를 찾아서

식품이나 주류는 온도에 따라 맛이 달라진다. 그래서 최고의 맛이 살아나는 최적 온도를 찾아내는 데 심혈을 기울인다. 어떤 맥주 기업은 고객으로 하여금 가장 맛있는 온도에 마실 수 있도록, 음용 최적 온도인 7, 8도가 되면 푸른색 마크가 선명하게 나타나는 특수 라벨을 맥주병에 붙여 뒀다. 물맛을 가장 좋게 하는 온도인 15도에 암반 마크가 나타나도록 한 생수도 있다. 소비자에게 음용 최적 온도를 알려 주어 마시는 즐거움에 보는 재미까지 더한 것이다.

초콜릿은 보통 30도에서 32도에 녹는다. 입술의 온도가 32.5도라는 사실에 착안한 것이다. 더운 나라에서는 녹는 온도를 높이기도 한다. 그 나라 기온에 따라 상품개발 방향이 달라지기도 하는 것이다.

이처럼 온도를 잘 이용하면 새로운 개념의 제품이 만들어질 수 있다. 온도는 먹는 것에 한정되지 않는다. 추운 나라에서는 자동차의 시동이 잘 걸리도록 맞춤 설계를 한다.

날씨에 따라 매출이 달라지고 온도를 올리고 내림에 따라 제품의 질이 달라지기도 하니, 제품 개발에서부터 마케팅 단계에 이르기까지 최적의 온도를 찾는 일의 중요성을 간과할 수 없다.

제일 중요한 것은 인간관계에 대한 마음의 온도를 높이는 것이다. 항상 사람을 생각하는 마음의 온도를 높이면 제품은 그에 맞게 개발이 된다. 먼저 마음의 온도를 높여보자.

✚ 온도를 이용한 상품들을 찾아보자.

✚ 온도를 이용해 개발할 수 있는 것이 무엇인지 찾아보자.

## 발상의 전환

옷의 상표를 옷 밖으로 꺼내놓아 광고 효과와 멋을 동시에 추구한 제품이 젊은 층을 대상으로 유행하고 있다. 처음 보는 사람은 옷을 잘못 입은 것인지, 만드는 과정에서 실수로 상표가 밖으로 나온 건지 어리둥절하지만, 좋은 옷을 사 입으면 자랑하고 싶은  사람들의 심리를 잘 활용한 고도의 마케팅 전략이다. 입는 사람은 고급 브랜드 옷을 입었다는 사실을 드러내놓고 자랑할 수 있어 좋고 생산자 입장에서는 돈 들이지 않고 움직이는 광고매체를 개발한 셈이니까.

남아프리카 바뱀바 족은 죄를 지은 사람이 생기면 그를 마을 한복판에 세워놓고, 마을 사람들이 돌아가면서 그가 살아오면서 했던 선행, 장점 등을 칭찬하게 한다. 아이들까지 빠짐없이 하되, 과장이나 농담은 절대 금한다. 아주 진지하고 엄숙한 분위기이다. 그러면 죄지은 사람은 참회의 눈물을 흘리며 새사람으로 거듭나겠다는 각오를 다짐한다. 죄를 지으면 형벌을 내리거나 비난하는 게 일반적인데 오히려 칭찬을 통해 사람을 교화시켜 범죄 없는 마을을 만든 것이다.

발상의 전환은 놀라운 변화와 혁신을 가져온다는 사실을 기억하자.

✚ 발상의 전환으로 개발된 상품과 서비스를 찾아 적어보자.

✚ 이 사례를 응용하여 개발하고 싶은 상품이나 서비스를 적어보자.

## 기능보다 중요한 디자인

기술이 보편화되어 제품 성능의 차별화가 점점 어려워지고 있다. 이제는 가격이나 성능이 절대적인 구매 동기가 되지 못한다. 가격이나 기능보다 디자인이 더 큰 구매 요인이 되었다.
디자인은 자연에서 모티브를 얻는 경우는 많다. 재규어 자동차는 스피드와 힘을 상징하는 표범에서 디자인 모티브를 가져왔다. 그런가 하면 수호신인 사천왕의 양 어깨에 불거져 나온 근육에서 힌트를 얻어 개발한 것이 현대의 스포츠카 티뷰론이다. 찻주전자 등 주방용품의 손잡이는 나비 날개 모양으로 만들어 생동감을 살렸고 곡선 처리를 통해 여성적인 이미지를 살리고, 손잡이도 잡기 편리하게 만들었다. 인체의 아름다움에 착안해 디자인한 코카콜라 병은 손에 쥐기도 편하고 양도 적게 들어가게 만들었다. 곤충의 얼굴을 본 딴 용접용 마스크는 창의 시야를 넓혀 작업자의 안전성과 편리성을 높였다.
이처럼 디자인은 우리 주변의 동식물, 전통 예술작품에서 힌트를 얻어 개발되는 경우가 많다. 같은 사물을 보더라도 관심이 있으면 남이 볼 수 없는 것을 볼 수 있다. 평소에 자연을 잘 관찰하는 습관을 들이면 디자인 아이디어를 많이 얻을 수 있을 것이다.

✚ 자연현상을 본 떠서 개발된 디자인이나 상품을 생각나는 대로 적어보자.

✚ 이를 응용해 개발하고 싶은 디자인이나 상품을 적어보자.

## 움직이게 하라

고정되어 있는 것을 움직이게 하면 힘이 덜 들고, 재미있고, 주의를 집중시킬 수 있고, 편리하다는 이점이 있다. 의자나 책상 같은 무거운 물체에 바퀴를 달면 쉽게 움직일 수 있다. 냉장고에도 바퀴를 달아 움직이기 쉽도록 했다. 어디 물건뿐이랴. 글 한 줄, 말 한마디가 얼어붙었던 사람의 마음을 움직이지 않던가. 마음이 움직이면 산도 움직일 수 있고 얼어붙었던 인간관계도 풀 수 있다.

움직여서 불편한 건 고정시키고, 고정되어 불편한 건 움직이게 해보자. 생각을 움직이면 이 세상에 못 움직일 게 없다. 못 한다, 어렵다는 고정관념을 움직여 보라.

✚ 고정된 것을 움직인 제품이나 서비스를 찾아보자.

✚ 움직임을 이용해 개발하고 싶은 것을 적어보자.

## 작은 것이 아름답다

작은 것이 더 좋은 이유. 원재료를 줄일 수 있고, 휴대하기 편하고, 차지하는 공간도 축소할 수 있다.

초기 휴대폰은 너무 커서 들고 다니기 불편했다. 기술의 발달로 한 손으로 자유롭게 다룰 수 있게 됐고, 기능도 많이 추가됐다. 이처럼 기술이 발달되어야 작게 만들 수 있는 것도 있지만, 기술과 상관없이 가능한 분야도 많다. 가볍고 가격도 싸고 휴대하기도 편한 문고판 책처럼.

채소나 과일도 방울토마토처럼 작고 먹기 좋게 할 수 있다. 1인 가구가 늘면서 과일도 쪼개 팔고, 각종 용기도 작아지고 있다.

✚ 크기나 모양, 무게를 작게 한 서비스나 제품을 적어보자.

✚ 이 원리를 이용해 효율을 높이고 원가도 절감할 수 있는 상품이나 서비스를 적어보자.

# 자동제어 시키기

자동차 문이 열리면 계기판에 문이 열려 있음을 나타내는 표시가 나타난다. 자동차가 시속 100㎞ 이상일 때는 경고음이 들리도록 해서 운전자의 주의를 환기시킨다. 자동차 엔진이나 부품을 교체할 시기가 되면 자동으로 문자가 오도록 한다. 자칫 잊어버리면 큰 실수를 하게 되는 것들은 이처럼 자동 알림 장치를 해둘 수 있다. 화재가 나면 자동으로 화재경보기가 울리며 스프링클러가 작동되기도 한다.

컴퓨터를 오랜 시간 사용하지 않을 때 자동으로 꺼지게 하고, 작업할 때 매번 저장키를 누르지 않아도 자동으로 저장되기도 하는 것처럼 주의를 기울이지 않아도 저절로 제어되도록 시스템을 만들었다.

일정 시간이 되면 켜지게도, 꺼지게도 할 수 있는 세탁기, TV 등 가전제품은 이제 보편화되었다. 최근에는 스마트폰을 보며 걷다가 사고가 많아지자 스마트폰을 보며 대여섯 발자국을 걸으면 자동으로 꺼지도록 하는 어플리케이션도 생겼다.

자동제어 시스템은 제품뿐만 아니라, 어린이날처럼 특정 기념일이나 일정 장소에서만 이용할 수 있는 할인 시스템처럼 서비스 부문에도 응용할 수 있다.

✚ 소리, 표시를 통해 최적의 상태를 나타내거나 주의를 환기시키는 상품이나 서비스를 적어보자.

✚ 자신과 관련된 업무 중 자동 표시, 소리, 바람을 이용하여 만들고 싶은 상품이나 서비스를 적어보자.

# 공간도 돈이다

시간이 돈이듯 공간도 돈이다. 인간은 생명을 유지하는 시간을 늘리기 위해 의학, 생명공학에 많은 투자를 하고 있다. 하지만 시간  못지않게 공간도 중요하다.
작은 방에 두 아이가 책상을 하나 놓고 사용하자니 불편이 많았다. 이를 해결하기 위해 필요할 때만 사용하고 쓰지 않을 때는 천장에 올리는 공간 활용 승강식 가구가 개발됐다. 이런 콘셉트를 처음 구상한 사람은 공학자가 아니라 고등학교를 졸업하고 개인회사에 다니던 평범한 직원이었는데, 사업 첫해에 10억 원의 매출을 올렸다.
이처럼 좁은 공간을 활용하는 제품들이 각광을 받고 있다. 락앤락은 각종 식기들을 중첩해서 보관을 용이하게 했다. 공간은 평면만 생각할 일이 아니라 수직, 수평 모든 면을 생각해야 한다. 공간을 바꾸면 생각도 바뀌고, 행동도 바뀌고, 삶 그 자체도 바뀔 수 있다.
아이디어가 필요하면 삶의 공간을 바꾸어 보자. 직접 공간을 확보하는 것보다 공공의 공간을 자주 활용하는 것이 더 좋다. 소유하는데 필요한 비용, 관리하는데 들어가는 비용과 시간을 생각한다면 공공시설을 자주 이용하는 것이 낫기 때문이다. 집에 책을 많이 사들이는 것보다 도서관을 자주 가는 것이 낫고,

집안에 운동기구를 사들이는 것보다 공원 운동 시설을 자주 이용하는 게 현명하다.
공간을 소유하려고 노력하지 말고 공간을 공유하거나 공공의 공간을 마음껏 누려보는 아이디어를 찾아보자.

✚ 공간을 잘 활용하여 만들어진 상품이나 서비스를 찾아 적어보자.

..........

..........

..........

✚ 이를 응용해 개발하고 싶은 서비스나 상품도 적어보자.

..........

..........

..........

## 때로는 부드럽게, 때로는 딱딱하게

부드러운 것은 강한 것을 이긴다. 강한 것은 부러지지만 부드러운 것은 부러지지 않기 때문이다. 물질만 그런 것이 아니라 사람의 마음도 똑같다.

중국은 인구 12억 명으로 추산되는 세계 최대의 황금시장이다. 어느 제과 기업은 중국 시장 점유율 1위를 차지했다. 이 기업이 성공한 요인 중 하나가, 중국 사람들이 서양 사람들보다 치아가 약한 점을 감안해 훨씬 물렁물렁한 껌을 공급한 것이었다.

한국식품개발연구원은 산란계의 계란 껍데기를 두껍게 만드는 기술을 개발했다. 산란 닭의 계란 껍데기는 밤에 만들어지지만, 이때는 닭이 사료를 섭취하지 않는 시간대이므로 계란 껍데기 합성에 필요한 혈액 내 칼슘 함량이 줄어들게 된다는 점에 착안했다. 칼슘 공급제를 가공한 특별 사료를 공급해, 닭의 소화관 내에서 칼슘이 쉽게 분해, 섭취되도록 한 것이다. 그 결과, 밤 시간 동안 혈액 내 칼슘 농도가 일정하게 유지돼 껍데기가 두껍고 단단한 계란을 생산할 수 있었다.

전자는 딱딱한 것을 부드럽게 하여 성공한 예이고, 후자는 깨지기 쉬운 것을 딱딱하게 해서 성공한 사례이다. 이처럼 때로는 부드럽게, 때로는 딱딱하게 제품을 개발해 볼 수 있다.

✚ 딱딱한 것은 부드럽게, 깨지기 쉬운 것은 딱딱하게 해서 성공한 예를 적어보자.

✚ 이를 응용해서 만들고 싶은 상품이나 서비스를 적어보자.

## 경청의 힘

경영이나 인간관계에서 경청보다 중요한 것은 없다. 특히 고객의 말은 절대적이다. 고객의 말을 듣지 않고는 성공할 수 없다. 소비자의 반응, 불만, 불평의 소리에 귀 기울이면 거기에 사업 기회가 있다.

아이디어 하나로 평범한 주부가 어엿한 중소기업 사장이 된 경우도 있다. 중이염을 앓는 아들을 둔 그는, TV를 보다 귓병이 전화기에서 옮겨진다는 사실을 알고 전화기에 부착하는 위생장치를 고안했다. 이처럼 전문 기술이 없어도 아이디어만 참신하면 얼마든지 상품화할 수 있다. 기술은 찾으면 된다.

기업에서는 소비자 아이디어 공모를 통해 신상품을 개발하기도 한다. 응모를 받아 신제품을 개발하고, 채택된 아이디어를 보내준 소비자에게 해당 제품의 영업이익 중 1%를 돌려주기도 한다.

이는 기업 내에서 조달하기 어려운 아이디어를 고객으로부터 얻고 그 이윤의 일부를 고객에게 돌려줌으로써 고객들의 더 많은 아이디어를 모으고자 한 것이다. 생산자와 고객이 하나 된 좋은 예이다. 소비자인 고객의 적극적인 참여로 더 좋은 제품을 생산하게 되고 고객은 더 좋은 제품이나 서비스를 이용할 수 있기 때문이다.

이청득심以聽得心이라는 말이 있다. 귀 기울여 듣고 사람의 마음을 얻는다는 뜻인데, 자기 생각과 판단을 버리고 마음이 비워진 상태에서 상대방의 이야기를 듣는 것이다. 아이가 말을 배우는 과정도, 먼저 듣고 그 다음에 말을 한다. 먼저 듣고 말하는 것. 평생을 배워도 어려운 게 경청이다.

✚ 고객의 의견을 수집하여 성공한 사례들을 적어보자.

✚ 고객의 의견을 수렴하여 서비스하고 싶은 내용을 적어보자.

## 투명함도 경쟁력이다

어두우면 부패한다. 반면 눈에 보이면 깨끗해진다. 보이면 사고를 예방할 수 있으니까. 투명하면 정리가 되고, 정리되면 관리가 되고, 관리되면 사고를 예방할 수 있다.

어느 서류 가방은 포장을 뜯지 않아도 가방의 색상이나 모양, 용도까지 한눈에 알 수 있도록 만들어 히트 상품이 되었다. 상자 겉포장에는 실물 크기의 제품 사진이 내부까지 볼 수 있게 인쇄돼 있고 용도도 자세하게 표시돼 있다. 또 상자 한구석은 종이 대신 투명 비닐로 돼있어 실제 가방 색깔이 사진과 같은지 확인할 수도 있다. 포장 방법을 바꿈으로써 종업원 손이 덜 가면서도 소비자들은 전보다 훨씬 밝은 매장 분위기에서 편하게 쇼핑을 즐길 수 있게 한 것이다. 이 밖에도 눈으로 봐서 알 수 있도록 보관, 포장하는 방법들이 다양하게 개발되고 있다.

투명성은 다방면에 응용될 수 있다. 마음도 투명하게 해야 한다. 투명하면 자칫 게을러지려는 마음을 사전에 예방할 수 있다. 투명한 곳에 부정이 없다. 누군가가 항상 나를 바라보고 있다고 생각해보자. 바른 길로 가지 않을 수 없다.

'코리안 애플'이라는 말이 있다. 우리나라 사과 상자는 윗부분은 크고 색깔도 좋은 사과로 채워져 있지만, 아래 부분에 있는 사과는 작고 벌레 먹은 사과들이 담겨 있어 생겨난 말이다.

눈에 안 보이니까 어두운 마음이 일어나는 것이다. 투명한 관리, 투명한 마음이 투명한 사회를 만든다. 거리 곳곳마다 카메라가 설치돼 있어 투명하지 않으려야 않을 수 없는 세상이 되었다. 투명하면 정직해지고, 정직하게 살면 근심 걱정이 사라진다.

✚ 투명하게 하여 성공한 사례들을 적어보자.

✚ 지금 하고 있는 업무 중 투명하게 하면 효율이 오를 만한 내용을 적어보자.

## 시의 감성 배우기

사람은 감정의 동물이다. "감성과 이성이 싸우면 언제나 감성이 이긴다." 프랑스 의사 에밀 꿀레의 말이다.
한 가족이 모처럼 고급 레스토랑에 갔다. 5살 먹은 아이가 어찌나 부산스럽게 식당을 누비고 다니는지, 부모는 여간 난처한 게 아니었다. 장난감을 줘도, 으름장을 놔도 소용이 없었다. 그런데 옆에 계시던 할머니가 한마디 했는데 장난을 뚝 그쳤다. 할머니가 뭐라고 말씀하신 걸까? "호랑이 온다, 호랑이!" 아무리 달래고 타일러도 말을 듣지 않더니, 호랑이가 온다는 말 한마디에 장난을 뚝 그치다니 신기한 일이다. '도대체 호랑이가 얼마나 무섭기에 할머니가 저처럼 겁먹은 표정을 지을까?' 아이의 머릿속에서 상상력이 작동한 것이다.
예술 중에서도 시는 상상력과 감성의 보고이다. 감성은 이성, 합리성과는 거리가 멀지만, 사람을 움직이는 것은 이성이 아니라 감성과 상상력이다.
물질 풍요 시대에는 더욱 감성이 깃든 제품이 제 가격을 받는다. 작은 감성의 차이가 몇 배의 가격 차이를 만들어낸다. 품질과 가격, 성능이 구매 기준이 되던 시대에서 감성과 스토리가 구매 척도가 되는 시대로 바뀐 것이다. 인간의 감성을 살짝 터치해주는 기술이 품질이나 기능보다 훨씬 더 중요한 시대이다.

그렇다면, 시를 통해 어떻게 감성이 형성되는지 알아보자. 중소기업 연수원에는 다음과 같은 '나무의 꿈'이라는 시비가 있다.

> 꿈에는
> 열정이 꿈틀거립니다
> 열정에는 신바람이 붑니다
> 신바람에는 웃음이 있습니다
> 웃음에는 행복이 함께 자랍니다
> 꿈이 곧 행복입니다
> 나무는 꿈을 꿉니다
> 사람처럼 웃기를…
> 나무가 웃을 수 있도록
> 그대의 박장대소하는 모습을 보여 주십시오
> 그대가 나무의 꿈을 이루게 하였듯
> 나무 또한 그대의 소망을 이루어 줄 것입니다

나무가 꿈을 꾼다는 재미있는 발상이다. 사람만 꿈꿀 수 있는 게 아니라 식물도 꿈을 꿀 수 있다고 상상한 것이다. 그런데 나무에 열매가 잘 달리거나 뿌리가 튼튼하게 자라는 꿈이 아니라 인간의 가장 아름다운 모습, 웃는 모습을 닮고 싶다고 한다. 참으로 놀라운 발상이 아닐 수 없다. 하기 어려운 상상, 꿈꾸기 어려운 꿈을 나무는 꾸고 있는 것이다. 이룰 수 없을 것 같은 꿈, 그 꿈이 너무나 아름다운 나머지 사람들이 나무의 꿈을 도와주고 있다. 그렇다. 누군가가 꾸는 꿈이—스스로는 달성하기 어렵더라도—인류와 자연을 위한 참된 것이라면 자신도 모르게 도움의 손길이 닿는 것이다.
나무가 웃을 수 있도록 박장대소하는 모습을 보여주자. 나무는 사람들의 박장대소를 통해 꿈을 이룬다. 나무도 여기서 끝나는 것이 아니라 이에 보답하는 마음으로 사람들의 소망을 들어준다고 한다. 이처럼 상상을 통해 꿈을 꾸고 사람의 마음을 움직여 뜻을 이루는 시야말로 창의성의 꽃이 아닐까.
아이디어를 마음껏 생산하고 싶다면, 때로는 감성의 세계에 푹 빠져볼 필요가 있다. 가끔은 시집을 꺼내 읽는 여유를 가져보길 바란다.

쉬어가기

## 이야기를 선물하라

'미야게바나시みやげばなし'라는 일본말이 있다. 이 말은 선물おみやげ과 이야기はなし의 합성어이다.
일본에서 공부할 때의 일이다. 늦가을에 잘 익은 주황색 감을 바라보다가 향수에 젖었다. 함께 있던 일본인 친구에게 "한국에서는 아무리 배가 고파도 감 하나쯤은 까치밥으로 남겨둔다."고 우리나라 풍습을 소개하자, 일본에도 독특한 선물 문화가 있다며 그가 알려준 것이 '이야기 선물'이었다.
선물이라고 하면 흔히 기념품이나 토산품과 같은 물질적인 것을 연상하는데, 이야기가 선물이 된다니 상상도 못한 이야기였다.
이야기에는 힘이 있다. 이야기는 정보를 전달하기도 하지만 사람의 마음을 움직이고, 얻기도 한다. 이야기의 영향력은 기업에서도 중시된다. 과거에는 제품의 성능, 가격, 품질이 구매를 결정하는 요인이었다면 지금은 그 제품이 갖고 있는 스토리를 보고 구매하기 때문이다. 스토리텔링 능력이 브랜드 파워를 구축하는 기반, 즉 기업의 창의력인 된 셈이다.

CEO의 메시지도 훈시가 아니라 이야기 선물이 되어야 한다. 직원들은 사장의 이야기를 잔소리 정도로 알고 귀찮아하는 경우가 많다. 그런데 CEO의 훈시가 선물 같은 것이라면 어떨까? 일단 선물을 주는 사람부터 자세가 달라진다. 받는 사람의 취향과 성격, 환경을 고려해가며 정성껏 준비하는 과정에서 마음에 기대가 넘치고 설렌다. 이런 기분은 받는 사람에게도 고스란히 전달된다. 듣기 싫던 잔소리가 진정과 격려가 담긴 소중하고 감사한 선물로 바뀌는 순간이다.

필자도 이 같은 이야기 선물의 위력을 체험한 적이 있다. 중소기업연수원장을 지내던 시절 'CEO 성공 조찬포럼'을 만들었다. 이때 원장 인사말이나 축사 같은 것을 하게 되는데, 나는 인사말을 '이야기 선물'로 바꾸어 전달했다. 한 달에 한 번 열리는 포럼에서 5분짜리 이야기 선물을 전하기 위해 한 달 내내 고심했다. 귀한 시간을 내준 CEO들에게 진심 어린 메시지를 전하고 싶어서였다.

매달, 이야기 선물을 듣기 위해 전국 각지에서 몰려든 수많은 CEO들의 얼굴엔 기대와 설렘이 가득하고, 모임은 소통의 장이 됐다.
몸담고 있는 조직 안에 창의성을 꽃피우고 싶다면, 다른 무엇보다 이야기를 선물하라. 말은 그냥 말이 아니라 생명이 있는 하나의 이야기 선물이라 생각하자. 나도 모르게 뱉은 말로 상대에게 상처를 주고 후회할 것이 아니라, '말이 선물'이라는 인식을 가지면 자세가 달라진다.
이야기 선물은 물질적인 선물처럼 소모되는 것이 아니라 생명체가 되어 두고두고 회자되어야 한다. 제품을 생산하는 능력보다 이야기를 생산하고 선물하는 능력이 경제적으로도 정신적으로도 더 풍요로운 세상을 만들어 갈 것이다.

"

좋은 아이디어는 좋은 질문을 통해 나온다

질문하는 습관은 세상을 보는 시각과

문제를 해결해 나가는 방식을 결정한다

"

# Chapter 5.

# 질문이 운명을 바꾼다

# 아침 질문과 저녁 질문

창의성과 아이디어, 몰입, 질문은 따로 떨어져 있는 것이 아니라 하나로 연결되어 있다. 좋은 아이디어는 몰입과 집중에서 나오기도 하지만, 좋은 질문을 통해 나오기도 한다. 그만큼 질문이 중요하다. 창의성 훈련에서 '좋은 질문 던지는 방법'을 빼놓을 수 없는 것도 이 때문이다.

5장에서는 어떤 질문이 좋은 질문인지 살펴보고, 좋은 질문 만드는 법을 배워본다.

우선, 하루의 기운을 북돋워주는 아침 질문을 살펴보겠다. 아침 질문은 일상생활에서 더 많은 행복감과 즐거움, 자부심, 감사, 기쁨, 결단력, 사랑 등을 경험하도록 고안한 것이다. 다음 질문에 대해 두세 개의 답을 생각해보고 그것을 깊이 음미해보라. 수준 있는 질문과 깊은 성찰이 묻어나오는 답, 그것이 수준 있는 삶을 낳는다는 것을 기억하자.

### 삶에 힘을 주는 아침 질문

1. 지금 내 삶이 행복하다고 느끼는 것은 무엇 때문인가?
   그것은 어떻게 나를 행복하게 하는가?
2. 내 인생에서 나를 들뜨게 하는 것은 무엇인가?

그것이 나를 들뜨게 하는 이유는 무엇인가?
3. 내 인생에서 자랑스럽게 생각하는 것은 무엇인가?
그 이유는 무엇인가?
4. 내 인생에서 감사하다고 느끼는 것은 무엇인가?
그 이유는 무엇인가?
5. 지금 내 삶에서 가장 큰 즐거움은 무엇인가?
6. 지금 내가 내린 결단은 무엇인가?
7. 내가 사랑하는 사람은 누구인가? 나는 나를 사랑하는가?

**성찰하는 저녁 질문**

1. 오늘 나는 사회에 어떤 공헌을 했는가?
어떤 것을 베풀었는가?
2. 오늘 내가 배운 것은 무엇인가?
3. 오늘 내 삶에서 이룬 발전은 무엇인가?
오늘 이룬 것을 어떻게 내일을 위한 투자로 활용할 수 있을까?

## 실패를 성공으로 바꾸는 질문

기자가 에디슨에게 "전구를 만드는데 얼마나 많은 실패를 했습니까?" 하고 물었다. 에디슨은 "난 실패한 적이 없어요."라고 대답했다. "매번 이번처럼 하면 안 된다는 것을 배웠죠." 그는 1053번째 전구를 만들고 나서야 성공할 수 있었다.
'이 실패에서 배운 교훈은 무엇인가?' 이 질문 하나가 실패를 성공으로 이끌었다. 거듭된 실패로 실의에 빠진 사람도 다시 용기를 낼 수 있게 만드는 질문이다.
모든 경험은 하나씩 가르칠 교훈을 가지고 있다. 실패에 그치지 말고, 실패에서 얻은 교훈을 다음번 성공을 위해 활용할 방법으로 연결시켜야 한다.

### 질문의 7가지 힘

도로시 리즈는 저서 『질문의 7가지 힘』에서 질문의 유용성을 다음과 같이 정리했다.

1. **질문을 하면 답이 나온다.** 질문을 받으면 누구든지 반사적으로 답을 하게 된다.
2. **질문을 하면 생각을 자극한다.** 질문을 하는 사람이나 받는 사람이나 생각이 자극된다.
3. **질문을 하면 정보를 얻는다.** 적절한 질문을 한다면 원하는 답을 얻을 수 있다.
4. **질문을 하면 통제가 된다.** 사람은 자신이 스스로 상황을 통제할 수 있을 때 편안하고 안전하게 느낀다. 질문하는 사람은 유리한 입장에 서게 된다.
5. **질문은 마음을 열게 한다.** 사람들은 자신의 사연, 의견, 관점에 대한 질문을 받으면 우쭐해진다. 질문을 하는 것은 상대방과 그의 이야기에 관심을 보여주는 것이다.
6. **질문을 하면 귀를 기울이게 한다.** 적절한 질문을 하면 분명한 답을 듣게 되고, 중요한 일에 집중하기 쉬워진다.
7. **질문을 하면 스스로 설득이 된다.** 사람들은 자신이 생각해 낸 것을 좀 더 쉽게 믿는다. 적절한 질문은 사람들의 마음을 움직일 수 있다.

## 학습자의 질문, 심판자의 질문

『삶을 변화시키는 질문의 기술』의 저자 마릴리 애덤스는 우리가 부정적일 때는 심판자의 질문을, 긍정적일 때는 학습자의 질문을 한다고 말한다.
심판자의 태도로 질문을 시작하면 그 대답은 매우 부정적일 것이고, 학습자의 태도로 질문하면 그 답은 매우 긍정적일 것이다. 다음에 제시하는 질문들을 실제 활용해보라.

**심판자의 질문**

1. 누구 탓인가?
2. 어떻게 통제할 수 있을까?
3. 그들은 왜 그렇게 어리석고 실망스러울까?
4. 왜 날 괴롭힐까?

**학습자의 질문**

1. 내가 책임질 일은 무엇인가?
2. 큰 그림은 무엇인가?
3. 내가 배울 점은 무엇인가?
4. 이 일에서 유익한 것은 무엇인가?

5. 다른 사람들이 생각하고 느끼고, 필요로 하고, 원하는 것은 무엇인가?

저자는 이 같은 질문 습관이 성공과 패배를 가르는 기준이 된다고 말한다. 남에게 하는 질문이든 나 자신에게 던지는 질문이든, 학습자로서의 질문을 던져야 성공한다는 것이다.
어떤 심각한 문제가 발생했을 때를 보자. 그때 심판자의 질문을 던지는 사람은 남 탓을 하거나 상황에 실망만 한다. 그러나 학습자의 질문을 던지는 사람은 아무리 어려운 상황에서도 뭔가를 얻는다. 그런 사람이 성공에 가까이 가는 건 당연한 일이다. 더 간단히 설명하자면 '왜 물줄기가 우리 땅으로 오지 않지?'라는 질문을 던지는 사람과 '어떻게 하면 물줄기를 우리 땅으로 끌어올 수 있을까?'라는 질문을 던지는 사람의 차이다.
질문 습관이 운명을 바꾸는 원리는 간단하다. 질문하는 습관은 내가 세상을 보는 시각을 결정하고 문제를 해결해 나가는 방식을 결정하기 때문이다.

## 좋은 질문 만드는 방법

구체적인 질문은 구체적인 답을 얻을 수 있지만 막연한 질문은 아무런 답도 얻지 못한다. 질문의 표현 방식에 따라 생각하는 길이 열리기도 하고 그렇지 않을 수도 있다. 그럼 어떻게 하면 제대로 된 질문을 만들 수 있을까?

최초의 질문을 여러 개의 작은 질문으로 나누어 질문하다 보면 최초의 질문에 대한 해답이 나오기도 한다. 막연한 질문 하나도 잘 살펴보면 여러 개의 질문으로 이루어진 것을 알 수 있다. 나누어진 여러 개의 질문들 사이의 연관성을 생각함으로써 최초의 질문의 답을 찾는 것이다.

예를 들어 '이 신제품을 어떻게 팔 것인가?'라는 커다란 질문이 있다고 하자. 이 질문은 '고객은 누가 될 것인가? 판매망은 어떻게 활용할 것인가? 광고비는 어디에 얼마큼 쓸 것인가?'라는 다양한 질문으로 나뉠 수 있다.

질문을 제대로 만들려면 질문을 정확히 세분화하고 연관성을 잘 살펴야 한다. 그리고 각 질문에 어떻게 대답할 것인지, 각 대답이 서로 어떻게 관련되어 처음 질문에 대한 해답이 될 것인지를 생각해야 한다.

## 스스로 질문하고 답하기

혼잣말, 자신에게 무의식적으로 들려주는 말이 운명을 바꾼다. 습관적으로 자신에게 들려주는 질문이 운명을 결정하는 것이다. 즉 질문을 바꾸면 운명이 바뀐다는 말이다.
나폴레옹 힐 박사는 사람들의 사고방식은 긍정적 사고방식 Positive Mental Attitude, PMA과 부정적 사고방식Negative Mental Attitude, NMA으로 나뉜다고 한다. 모든 분야에서 성공하는 타입은 습관적으로 긍정적인 혼잣말과 자문자답을 한다. 실제로 어떤 질문들이 인생을 역전시켰는지 사례를 통해 살펴보기로 한다.

### 커넬 샌더스와 1009번째 시도

1950년대 미국 켄터키 주 남부에 있는 코빈이라는 작은 마을에서 머리가 허연 노인이 마을 외곽에 건설 중인 고속도로를 보면서 한숨을 쉬고 있었다. 25번 국도변에 있는 코빈은 켄터키 주에서 다른 주로 통하는 요충지로, 많은 여행객들이 이곳에서 숙박했다. 그러나 새로운 75번 국도가 건설되면 이 마을은 더 이상 쓸모가 없어지기 때문이었다.
커넬 샌더스라는 이 노인은 자기 이름을 딴 샌더스 카페에서 25년 동안 장사를 하고 있었다. 하지만 국도 공사가 시작되자

가게를 7만 5천 달러에 넘기고 세금과 밀린 대금을 지불하고 나니 푼돈 밖에 남지 않았다. 그때 그의 나이 65세였다. 모든 것을 잃고 연금밖에 기대할 것이 없었지만, 연금이 월 10달러밖에 안 된다는 사실을 알고 충격을 받은 그는 다른 길을 찾기로 했다.

65세 노인에게 남은 것은 중고 자동차와 직접 개발한 11종의 허브와 스파이스를 이용한 치킨 요리법뿐이었다. 잠시 생각해보자. 만일 샌더스가 자문자답하는 과정에서 '왜 하필 이곳에 고속도로가 건설되는 거야? 왜 이렇게 인생이 꼬일까? 더 이상 방법이 없어. 양로원이나 알아봐야겠다.'라고 생각했더라면 어쩔 뻔했을까? 그러나 샌더스는 PMA를 작동시켜 이렇게 자문자답했다.

**Q** 내가 다른 사람에게 도움이 될 만한 어떤 것을 가지고 있을까?

**A** 그래, 맞아. 닭 요리법이 있지. 이걸 식당에 팔면 돈을 벌 수 있겠다.

**Q** 요리법만 알려주지 말고, 요리를 시연해주면 어떨까? 그 식당이 잘 되면 손님이 늘고, 매장 수가 확대되면 나한테 수익의 일부를 줄 수 있겠지.

**A** 그래. 이 요리법을 채택한 식당의 수익이 늘어나면 나에게 그 수익의 일부를 달라고 하는 거야. 이제 출발해보자.

커넬 샌더스는 그날부터 가게를 하나씩 방문하기 시작했다. 미국 전역을 돌면서 자신의 닭 요리법을 시연하는 일을 했던 것이다. 매일 차 안에서 자고 홍보용으로 만든 닭튀김으로 끼니를 때웠다. 무수한 거절 끝에 드디어 1009번째 방문한 가게에서 역사적인 계약이 이뤄졌다. 바로 40년 후, 전 세계 80여 개 국가에 1만 개의 점포를 구축하게 될 거대 브랜드 KFC가 탄생한 순간이었다.

잠깐! 여기서 한 가지 더 연구해보자. 커넬 샌더스는 어떻게 1009번째 가게에 갈 때까지 포기하지 않았을까? 그것은 그가 긍정적인 사고방식을 가지고 성공 지향적인 자문자답을 했기 때문이다.

세일즈 트레이너들이 말하기를, 세일즈를 처음 시작한 사람은 연속으로 3번만 거절당하면 세일즈를 포기한다고 한다. 그런데 커넬 샌더스는 1000번 넘게 거절당하고도 포기하지 않았던 것이다.

성공 지향적인 자문자답은 끈기와 집념, 그리고 포기하지 않는 정신력을 길러준다. 독자 여러분도 자기만의 성공 자문자답을 개발해보기 바란다.

쉬어가기 ,

## 삶을 풍요롭게 하는 여러 가지 안경

다이아몬드는 원석을 가공하여 면수를 많이 만드는 게 고급 기술이다. 면수가 많아야 면끼리 비추는 빛이 영롱하기 때문이다.
보는 시각도 마찬가지이다. 어떤 사물을 볼 때 보는 방법의 수가 많은 만큼 그 사물은 더 빛이 난다. 세상의 모든 사물은 보는 사람의 눈에 따라 달리 보인다. 푸른 안경을 쓰면 푸르게 보이고 검은 안경을 쓰면 검게 보인다. 행복과 불행도 내가 선택한 안경에 따라 결정된다. 다양한 안경을 준비하자. 그러면 삶이 풍요로워진다.

**일을 바라보는 눈**

어떤 사람은 일을 즐거움의 대상으로 본다. 노동자로 사는 것이 아니라, 놀이하는 사람으로 사는 것이다.
직장인들에게 직장에서 많이 배웠는지, 학교에서 많이 배웠는지 물어보았다. 이구동성으로 직장에서 많이 배웠다고 한다. 일은 배우는 것이다. 배운다는 의식의 안경을 쓰면 일이 새롭게 보인다.

**세상을 바라보는 눈**

피카소의 그림을 보면 아이들이 그린 그림 같다. 단순한데 힘이 있다. 피카소는 어린이의 눈으로 보게 되기까지 일생이 걸렸다고 했다.

아이들을 관찰해보면 모든 게 놀이로 통한다. 아이들이 가는 곳은 어디든 놀이터가 된다. 그래서 아이들은 행복하다. 세상을 놀이터처럼 즐기고 싶다면, 어린이의 마음이 담긴 안경을 써야 한다. 그러면 날마다 신비와 기적이 넘칠 것이다.

**나를 바라보는 눈**

나는 내 눈으로 나를 볼 수 없다. 남을 통해 보던지 거울을 이용해 보아야 한다. 심각한 고민거리가 생기면 나도 모르게 눈이 감긴다. 바로 나를 보라는 몸의 신호다. 조물주가 내 눈으로 나를 볼 수 없도록 만들었으니 두 눈을 감고 볼 수밖에. 마음을 보고 싶거든 두 눈을 감아야 보인다.

“

묘나 집터에만 명당이 있는 것이 아니다

아이디어도 잘 떠오르는 명당이 있다

아이디어를 끌어내는 데도 때와 장소를 잘 선택해야 한다

”

# Chapter 6.

# 나만의 아이디어 명당 만들기

## 아이디어가 잘 떠오르는 장소와 시간

묘나 집터에만 명당이 있는 것이 아니다. 아이디어도 잘 떠오르는 명당이 있다. 당나라의 구양명은 일찍이 아이디어가 잘 떠오르는 장소로 삼상三上을 꼽았다. 침상(침대에서 잠잘 때), 마상(말을 타고 달릴 때), 측상(화장실)을 가리켜 삼상이라고 한 것이다.
삶의 주된 시간이 아닌 잠자리, 화장실, 목욕탕, 차 안에서 보내는 시간은 틈새 시간이다. 이런 공간에서 시간을 보낼 땐 혼자인 경우가 많다. 필자의 경험상, 대체로 이런 시간에 아이디어가 잘 떠오른다. 이런 시간을 어떻게 보내느냐에 따라 삶이 달라질 수 있다.
위대한 발명가나 과학자도 이러한 장소나 시간을 잘 활용하여 성공한 경우가 많다. 아인슈타인은 침대에서 상대성원리를 떠올렸으며, 독일의 수학자 케쿨레도 꿈속에서 뱀이 자신의 꼬리를 말아 올리는 모습에서 벤젠 구조식의 힌트를 얻었다. 프로이트의 꿈 분석은 히스테리 치료를 위한 최면술 연구에서 시작되었다. 그는 자신의 꿈을 기록하면서 연구를 진행해 무의식 중의 정신 활동이 꿈에 나타난다는 결론을 얻기도 했다.
물고기는 한낮이나 오후에는 입질을 잘 하지 않는다. 주로 새벽 시간이나 밤에 입질한다. 아이디어도 이와 비슷하다. 따라서 주로 머리를 써서 하는 직업은 새벽이나 밤 시간에 하는 것이 효과적이다. 연구, 기획, 상품개발을 업으로 하는 사람들은 언제 아이디어가 잘 떠오르는지 파악하여 근무시간을 조정해 줄 필요가 있다. 지금처럼 획일적으로 출퇴근 시간을 정하는 것이 아니라 아이디어가 잘 떠오르는 시간대에 집중해서 근무할 수 있도록 배려하는 것이다.

또한 아이디어는 주된 업무를 할 때보다 다른 일을 하고 있을 때 잘 떠오르는 경향이 있다. 아이디어는 여럿이 있을 때보다 주로 혼자 있을 때, 정신적 여유가 있을 때 잘 떠오른다. 아이디어를 끌어내는 데도 고기를 잡는 것과 마찬가지로, 때와 장소를 잘 선택해야 한다는 것이다.

아이디어가 잘 떠오르는 명당이 있는 만큼, 이를 잘 활용하면 창의적인 분위기를 만들 수 있다. 자동차가 잘 달릴 수 있도록 고속도로를 놓는 것처럼 아이디어가 잘 떠오를 수 있도록 장소와 시간에 투자를 아끼지 않는 것, 즉 창의력 인프라를 구축하는 것이 필요하다.

따라서 아이디어를 잘 떠올리기 위해서는 앞에서 소개한 아이디어 명당을 가능한 조용하고 아늑한 분위기로 만들어야 하고 혼자 있는 시간을 많이 만들어야 한다. 창의적인 업무를 전담하는 사람들에게는 이에 걸맞은 환경을 조성해주어야 능력을 충분히 발휘할 수 있을 것이다.

잠자리나 차 안, 화장실을 최고의 연구실, 아이디어의 명당으로 만들기 위한 필자의 견해를 다음에 소개한다.

## 잠자리를 아이디어 명당으로 만드는 법

**첫째, 잠들기 전에 명상하라.** 잠자기 전 어떤 아이디어가 필요한지 곰곰이 생각해 보라. 그러면 잠자리에 든다 해도 뇌는 계속 일하게 된다. 아무 생각 없이 그냥 자면 뇌도 그냥 잔다. 잠자기 전 명상하는 작은 습관이 일하는 시간을 확장하는 결과를 가져다준다.

**둘째, 꿈에 자신이 찾고자 하는 아이디어가 떠오르는 장면을 상상하라.** 꿈속에서 반드시 아이디어를 얻을 수 있다는 확신을 가져라. 믿어야 이루어진다. 오늘 밤 꿈속에 아이디어가 떠오르는 모습을 상상하면 실제로 이루어진다.

**셋째, 머리맡에 필기구, 녹음기를 준비해 두라.** 아이디어가 떠오르면 바로 메모하라. 자다가도 벌떡 일어나 메모하라. 연필과 메모지 찾는 일이 귀찮아 내일 아침으로 미루다가는 아이디어를 잃고 만다. 아이디어는 떠오르는 즉시 적어야 한다. 낚시터에서 물고기가 입질할 때 바로 낚아채지 못하면 다시 잡을 수 없듯이 아이디어도 마찬가지다.

**넷째, 녹음기의 스위치만 누르면 녹음이 되도록 준비해 두라.** 아이디어는 떠올랐다 바람처럼 사라지기 때문에 즉시 기록해 두어야 한다. 불을 켜서 메모하는 일이 귀찮다면 말로 녹음할 수 있도록 준비해 두라.

**다섯째, 떠오른 아이디어를 옆에 있는 사람에게 이야기하라.** 말도 중요한 기록 도구이다. 말을 하면 그 소리가 내 뇌에 기록되고 다른 사람의 뇌에도 기록된다.

**여섯째, 눈을 감고 생각하라.** 1996년 호주 시드니 공대 키커 박사팀은 사람이 눈을 감을 때와 떴을 때 뇌파 중에서 알파파의 비율이 눈에 띄게 달라진다는 사실을 발견하고 이를 과학전문지 「뉴사이언티스트」에 게재했다. 눈을 감으면 무려 3배나 많은 알파파가 나타나는 것이다. 알파파는 뇌세포가 활성화되어 아이디어가 가장 잘 떠오르는 상태이다.

**일곱째, 잠자리에서 일어난 후 잠들기 전에 했던 생각을 다시 한 번 떠올려라.** 자신이 구하고자 하는 아이디어가 꿈속에 나타났는지 확인하라. 꿈은 선명하지 않을 수도 있으므로 곰곰이 생각하지 않으면 꿈속에 나타난 것도 잊어버릴 수 있다. 이렇게 지속적으로 하면 언젠가는 꿈속에서 기발한 아이디어를 만날 수 있을 것이다.

## 차 안을 아이디어 명당으로 만드는 법

**첫째, 차 안에 녹음기를 준비해 두라.** 운전 중 우선 말로 녹음한 뒤 목적지에 도착하여 메모지에 옮겨 적어라. 스마트폰에 녹음기능이 있으므로 이를 잘 활용해도 좋다.

**둘째, 카메라를 준비해 두라.** 버스나 기차를 타고 갈 때는 순식간에 스쳐지나가는 것이 많으므로 카메라로 사진을 찍어 두라. 특히 디지털카메라는 사진을 연속적으로 찍을 수 있으므로 매우 좋다.

**셋째, 메모지를 항상 넣어 두라.** 메모 용지를 항상 갖고 다니는 습관을 길러보자. 메모 용지로는 포스트잇이 편리하다.

**넷째, 여행을 통해 무언가 얻겠다는 마음을 가져라.** 같은 사물도 의식을 갖고 보면 아이디어가 연상되지만, 그렇지 않으면 눈에 보이는 것 외에는 볼 수 없다.

**다섯째, 운전할 때는 좋아하는 음악을 틀어 놓는 것이 좋다.** 음악을 듣고 차창 밖의 경치가 좋으면 알파파가 나온다. 이런 상태에서 아이디어가 잘 떠오른다.

## 목욕탕을 아이디어 명당으로 만드는 법

**첫째, 목욕탕에 잔잔한 음악이 흐르도록 하라.** 목욕 자체도 즐겁지만 좋아하는 음악이 흐른다면 바로 이곳이 명당이다.

**둘째, 탕 속에 몸은 반만 담근다.** 발에서부터 온기가 전달되기 시작해 20분 정도 있으면 땀이 비 오듯 쏟아진다. 이는 건강 목욕법으로 좋다. 뜨거운 물에 가슴까지 담그면 숨이 차서 정신 집중이 되지 않는다.

**셋째, 샤워 중이라도 아이디어가 떠오르면 메모하라.** 메모할 상황이 안 되면 혼잣말로 몇 번이고 되풀이하라.

**넷째, 찬물과 더운물 번갈아 가며 즐겨라.** 이는 건강 증진에도 좋고 기분전환에도 좋다.

**다섯째, 사우나탕에서 명상하라.** 사우나탕은 공간도 작고 땀도 낼 수 있어 명상 장소로 매우 좋다. 특히 아무도 없는 사우나탕은 최고의 명상 공간이다.

## 화장실을 아이디어 명당으로 만드는 법

**첫째, 화장실을 안락하게 꾸미라.** 볼일을 다 본 뒤에도 좀 더 앉아 있고 싶은 공간으로 만들어라.

**둘째, 화장실 안에 큰 메모판을 만들어 놓아라.**

**셋째, 잔잔한 음악을 틀어 두라.** 기분이 좋은 상태에서 아이디어가 잘 떠오른다.

**넷째, 신문이나 잡지를 치워라.** 책을 읽는 공간이 아니라 명상의 공간으로 만들어라.

화장실은 이제 더 이상 배설의 장소로만 여겨서는 안 된다. 아이디어 궁궐로 만들어야 한다. 화장실을 글자 그대로 안방의 화장대처럼 사색의 공간으로 활용해야 한다. 내가 아는 지인은 화장실에서 설계도면을 머릿속으로 앞에서 한 번, 뒤에서 한 번 그리다 보면 몇 시간씩 앉아 있는 경우도 있다고 한다.
필자는 중소기업진흥공단 서울본부장 시절 화장실에 예쁜 메모지와 필기구를 준비해 두었다. 직원뿐만 아니라 고객들도 아이디어가 떠오르면 즉석에서 메모할 수 있도록 한 배려다.

이 밖에도 개인의 취향에 따라 아이디어가 떠오르는 장소와 시간이 다를 수 있다. 필자의 경우, 주제가 정해지면 30분 정도 공원을 산책하며 이런저런 궁리를 한다. 산책 중 좋은 아이디어가 떠오르면 바로 그 자리에서 메모해둔다. 그리고 이 아이디어를 더 구체화하기 위해 컴퓨터에 앉아 자판을 두드리다 보면 또 다른 아이디어가 떠오르곤 한다.

아이디어가 필요할 때는 무조건 책상에 앉아 정리한다. 그러다 보면 아이디어가 떠오르는 경우가 많다. 아이디어가 떠올라서 적는 게 아니라 적다보면 아이디어가 떠오른다. 무조건 끼적거려라. 아무거나 낙서하듯 적어라. 그러면 아이디어가 떠오른다. 일단 컴퓨터 자판을 두드려라. 낙서가 메모고 아이디어다.

말하다 보면 아이디어가 떠오른다. 아이디어에 관한 일이라면 그냥 아무거나 떠들라. 그러면 생각이 정리되고 핵심 메시지가 생긴다.

처음부터 완벽을 기대하지 말라. 친구들과 이런저런 이야기를 나누다 문득 아이디어가 떠오르기도 하고 신문이나 책에서 힌트를 얻기도 한다. 아이디어를 떠올리겠다는 의식이 있으면 언제 어디서든 떠오른다.

좋은 아이디어를 알아보는 남다른 안목을 가졌다는 자신감이 필요하다. 자신은 남이 갖지 않은 특별한 안경을 가졌다는 믿음을 가져라.

"

우리 눈으로 볼 수 없는 것은 무한한 흥미 대상이 된다

아주 중요한 것은 보일 듯 말 듯 숨겨두라

보여줄 때는 살짝 보여주고 덮어라

이것이 호기심과 상상력을 증폭시키는 노하우다

"

# 책 속의 책

- 소설 『어린 왕자』에서 배우는 창의성
- 창의성 구구단을 외자

# 소설 『어린 왕자』에서 배우는 창의성

## 창의성의 보고 '어린 왕자의 순수

하얀 백지는 모든 색을 물들일 수 있다. 백지는 스스로 하나의 색으로 남아 있어도 좋고, 빨강 파랑 노랑, 그 어느 색으로 물들어도 좋다. 백지는 그 어떤 색이라도 차별 없이 받아들여 동화되면서도 자신은 그 흔적조차 남기지 않는다.
어린아이는 백지처럼 무엇이든 수용할 수 있다. 단순히 수용하기만 하는 것이 아니라 꿈과 희망, 깨끗한 에너지를 분출한다. 편견이나 고정관념에 사로잡혀 있지 않기 때문이다.
생텍쥐페리의 소설 『어린 왕자』는 그 순수함이 백지와 같다. 순수함은 잘 보이지 않는다. 순백이 눈에 잘 띄지 않듯 『어린 왕자』가 갖고 있는 다양한 색들을 이해하기는 그리 쉽지 않다. 독자의 나이, 장소, 때와 상황에 따라 읽는 느낌이 다르다.
필자는 40여 년간 『어린 왕자』를 곁에 두고 읽었다. 그렇게 무수히 읽으면서도 그 의미가 매번 새롭게 다가오는 것은 어린 왕자가 갖는 순수의 깊이가 시간과 공간의 제약을 초월하기 때문일 것이다. 아무리 아름다운 보석도 그 아름다움을 알아봐주는 사람이 없다면 무슨 소용이 있으랴. '소설 『어린 왕자』에서 배우는 창의성'에서는 무한한 아름다움을 간직한 자연 속에서

진주를 캐는 마음으로 어린 왕자에 접근해 보고자 한다.
어린 왕자를 통해 얻을 수 있는 진리는 무수하겠지만, 여기서는 창의성을 중심으로 다루고자 한다. 이런 시도가 우매하고 무모할지도 모르지만, 짧은 시간에 어린 왕자가 갖고 있는 의미를 이해하고 창의성과 관련된 통찰을 얻고자 하는 이들을 위해 정리해보겠다.

## 상상력을 이끌어내는 메타포

『어린 왕자』는 상상력을 이끌어 내는 메타포로 가득한 책이다.
어린 왕자에 나오는 그 유명한 '모자' 그림을 떠올려 보자. 이 그림은 모자로 보이지만, 사실은 코끼리를 삼킨 보아뱀을 그린 것이다. 또한, 양을 그려달라는 어린 왕자의 성화에 못 이겨 조종사가 그린 그림은 양이 들어가 있다는 '상자'였다.
여기 나오는 모자나 상자 그림 모두 내용이 보이지 않는다. 작가가 그림의 의미를 한눈에 알 수 있도록 쉽게 표현했다면 더 이상 독자의 관심을 끌지 못했을 것이다. 대신 그림에 담겨 있는 것을 베일 속에 감춤으로써 독자의 상상력과 궁금증을 유발시켰다. 바로 여기에 이 작품의 매력이 있다. 창의성은 노출돼 있는 게 아니기 때문에 가치가 있는 것이다.
속이 보이지 않는 모자나 상자는 독자의 창의성을 자극하는 메타포(은유)의 극치다. 존재하는 것을 보이지 않게 하는 은유적 기법, 보여야 하는 것을 보여 주지 않는 은폐적 기법을 이용하여, 마치 요술 상자의 베일처럼 관심과 흥미를 이끌어낸다. 그러다가 숨겨져 있던 것들이 구체성을 드러낼 때는 보는 시각에 따라 의미가 달라지며, 더 깊은 감동을 불러일으킨다.

은유적 표현 방법은 새로운 개념을 만들어 내는 힘이 있다. 예를 들면 '침대는 과학이다.'라는 어느 기업의 카피는 가구에 대한 인식을 바꾸어 놓았다. 기업이 지금까지와는 전혀 다른 새로운 기술이나 제품을 개발하고 이를 소비자에게 인식시킬 때도 비유적인 방법을 찾아 설명하려 한다.

메타포는 상상의 세계, 꿈의 세계, 먼 미지의 것 등 창의적인 세계를 나타낼 때도 즐겨 사용된다. 미술, 광고, 영화 등 창의적인 예술 분야에 자주 응용되는 기법이다.

## 사막이 아름다운 이유

"별들은 아름다워. 보이지 않는 꽃 한 송이 때문에…
사막이 아름다운 것은
어딘가에 샘을 감추고 있기 때문이지."

어린 왕자는 '별들이 아름다운 것은 보이지 않는 꽃 한 송이 때문'이며 '사막이 아름다운 것은 어딘가에 샘을 감추고 있기 때문'이라고 했다.

우리 눈으로 볼 수 없는 것은 무한한 흥미 대상이 된다. 우리는 유형의 것을 쫓아가며 살지만 실제로는 눈에 보이지 않는 내면 세계에 대한 무한한 동경을 갖고 산다. 보이지 않는 것에 대한 호기심, 두려움, 경외심은 마음 깊은 곳으로부터 우러나는 것이다. 그리고 바로 그 경외심으로 아름다움과 창의성을 만들어 낸다.

가끔 보물섬에 대한 신문 기사가 우리의 시선을 끈다. 2차 세계대전 때 금은보화를 가득 싣고 가던 보물섬이 해저에서 발견되었다던가, 유전 발굴 시추선이 엄청난 유전을 발굴했다는 루머가 돌 때면 관련 회사의 주가가 춤을 추기도 한다. 그때마다 사람들의 마음이 들뜨는 이유는 숨겨진 것에 대한 동경 때문이다.

은유의 멋은 표현하고자 하는 내용을 한눈에 알 수 없도록 살짝 숨기는 것이다. 숨겨진 것을 찾는 재미는 잠자고 있는 창의성을 일깨우는 재미와 맞먹는다. 창의성은 이 세상 어딘가에 존재하는 것을 찾아내는 것이지, 전혀 없던 것을 새롭게 만드는 것은 아니다. 우리가 찾고 있는 것은 이미 이 세상 어딘가에 존재하는데 다만 찾지 못할 뿐이다.

아주 중요한 것은 보일 듯 말 듯 숨겨두라. 그래야 흥미를 끈다. 보여줄 때는 살짝 보여주고 덮어라. 아니면 멀리서 흐릿하게 보여 주라. 이것이 호기심과 상상력을 증폭시키는 노하우다.

## 마법의 언어 '부탁해요'

"저기… 양 한 마리만 그려줄 수 있어?"
"뭐?"
"양 한 마리만 그려줘…."

창의성 개발은 동기를 부여하는 데서 비롯된다. 사람은 누구나 자신보다 약한 처지에 있는 사람의 부탁은 들어주려는 본능이 있다. 『어린 왕자』에서도 조종사는 사막에 떨어져 일주일 동안 마실 물 밖에 없는 절박한 상황이었지만 양을 그려달라는 어린 왕자의 부탁을 들어주지 않을 수 없었다. 비행사는 그때의 심경을 이렇게 표현하고 있다.

> "수수께끼 같은 일을 만나 너무 놀라게 되면 누구도 감히 거역하지 못하는 법이다. 사람이 사는 곳에서 수천 마일 떨어져 어른거리는 죽음을 눈앞에 두고 그것이 말할 수 없이 터무니없는 일이라고 생각하면서도 나는 주머니에서 종이와 만년필을 꺼내지 않을 수 없었다."

이 부탁 한마디가 얼마나 강한 힘을 갖고 있는지. 내재돼 있는 창의성을 일깨우는 것도 중요하지만 남의 능력을 최대한 활용하는 능력이야말로, 그 어떤 창의성 개발보다 중요하다. 상대방이 동기를 부여받아 스스로 즐겁게 하도록 만드는 힘이 바로

'부탁'이다.
모든 것을 혼자 하려 하지 말자. 분야에 따라서는 나보다 뛰어난 전문성을 갖춘 사람이 많다. 이들의 지혜를 빌리는 능력이야말로 그 어느 것보다 값진 창의력이 아니겠는가.

### 평범한 것을 특별하게 만드는 법

"길들인다는 것은 관계를 맺는다는 것이고,
관계를 맺는다면 우리는 서로를 필요로 하게 돼.
너는 내게 이 세상에 단 하나 밖에 없는 것이 되고.
의례라는 것은 어떤 날을 다른 날과 다르게,
어떤 시간을 다른 시간과 다르게 만드는 거야."

어린 왕자는 사막을 횡단하는 동안 장미꽃과 여우를 만난다. 어린 왕자는 여우에게서 삶의 지혜를 많이 얻었다. 여우는 길들인다는 것은 관계를 맺는다는 것이며 길들이게 되면 서로를 필요로 하게 되고 이 세상에 단 하나 밖에 없는 존재가 된다고 일러준다. 그리고 자신이 길들인 것에는 언제나 책임이 있다는 것을 잊지 말라고 한다.
여기서 여우의 가르침은 창의성의 정의와 같은 것들이다. '길들이는 것은 관계를 맺는 것'이라는 정의는, 창의성은 관심에서 출발한다는 의미로 받아들여도 좋을 것이다. 창의성이 발현되려면 우선 관심이 필요하다. 그리고 지속적인 관련을 통해 길들여지는 것이다. 길들여진다는 것은 습관이라 할 수 있다.
여우의 가르침은 여기서 끝나지 않는다. 친구를 사귀려는 어린 왕자에게 그러기 위해서는 참을성과 의례가 필요하다고 한다.
참을성은 바로 지속성을 나타낸다. 그냥 지속하는 것이 아니라 조금 힘들어도 꾸준히 견뎌내는 것을 참을성이라고 했다. 창의성을 개발하는 것은 하루 이틀에 되는 것이 아니라 그야말로 참을성 있는 지속적 관심이 필요한 것이다.
의례라는 것은 평범한 것을 다르게, 특별하게 하는 것이다. 일반적인 것을 다르게 만드는 것, 즉 차별화하는 것이 창의력이다. 이는 실생활에서도 많이 응용된다.
평범한 일주일이지만 각 요일마다 의미를 달리 부여하여 차별화한다면 전혀 다른 날들이 된다. 가령 월요일은 영화 보는 날이라든지, 수요일은 운동하는 날, 금요일은 가정의 날, 토요일은 여행가는 날 등으로 정해 매일매일 새로움과 기대감을 갖게 한다. 또한 하루를 시간대별로 차별화를 둘 수 있다. 업무를 시작하기 전에 체조나 명상을 한다든가, 아침 9시부터 두 시간은 전화를 받지 않는 시간으로 정해 일에 집중할 수 있도록 해서 능률을 올리는 시간으로 활용한다.

## 중요한 것은 마음으로 보아야 한다

"내 비밀은 이런 거야. 매우 간단한 거지.
오로지 마음으로 보아야만
정확하게 볼 수 있다는 거야.
가장 중요한 것은 눈에는 보이지 않는 법이야."

여우는 정들었던 어린 왕자와 이별할 때 비밀 하나를 선물로 준다. 그 비밀은 "중요한 것은 육안으로는 보이지 않아. 마음의 눈으로 봐야 해."라는 것이다.

우리는 정말 중요한 것을 잊고 산다. 눈으로 볼 수 없는 세상이 훨씬 크다는 사실을 잊고 산다. 안 보이는 것을 보려고 안경을 쓰고 망원경을 만들고 현미경, 투시경도 만들어보지만 보이는 것은 한계가 있다. 거짓말 탐지기를 동원해도 진짜 중요한 것은 보이지 않는다. 안 보이는 것을 보려고 눈만 크게 뜨지 말고 눈을 감고 마음으로 보는 여유를 가져보자. 진실이 당신을 기다리고 있을 것이다.

# 창의성 구구단을 외자

## 창의성 원리가 보이는 구구단

숫자를 익히는데 구구단의 발명은 가히 혁명적이라 할 수 있다. 만일 구구단을 개발하지 못했다면 지금도 일일이 더하기 계산을 하고 있을 것이다.
숫자 공부의 구구단처럼 창의성 훈련에도 그런 게 있지 않을까 늘 고민하고 있었다. 숫자 구구단처럼 공식화된 것은 아니더라도 원리가 있을 것 같았다. 그 원리를 찾아 보급하면 구구단처럼 유익하지 않을까 하는 생각에 이르렀다. 창의성에 관한 책을 읽고 또 읽기를 수십 년. 그 원리가 눈에 보이기 시작했다. 그리고 이 원리를 보다 쉽고 재미있게 표현하고자 '창의성 구구단'을 만들어보았다.
곱셈의 기초 공식을 나타낸 구구단을 외우며 연산 능력을 키우는 것처럼, 창의성 구구단도 천자문을 외듯 계속 암기하면 창의성 생성 원리가 체화되어 뇌 스스로 아이디어를 발현시키는 경지에 이를 수 있다. 처음에는 조금 낯설지도 모르지만 이 구구단만 외우고 있으면 아이디어 회의에서 주눅 들지 않고 자신감 있게 발표하는 자기 자신을 발견하게 될 것이다.

## 1단 고통해결苦痛解決하면 천만다행千萬多幸이다

창의성의 본질은 인간의 고통을 찾아 해결해주는 것이다. 상품이나 서비스 개발의 목적은 이윤 창출보다 고객의 아픔, 불편함, 고통을 정확히 인식하는데서 출발해야 한다.
고객의 아픔을 해결하면 천만 명이 다 행복해진다. 여기서 고객은 나 이외의 모든 사람을 뜻하며, 천만 명이라는 숫자는 이용자 모두를 지칭하는 말이다. 행복해진다는 말은 제품 사용자나 서비스 이용자가 그 제품이나 서비스에 감동한 나머지 누군가와 그 내용을 공유하고 싶어 하는 상태를 말한다. 기대했던 것 이상으로 품질이 뛰어나거나 서비스가 좋으면 누군가에게 추천해주고 싶은 욕구가 생기기 마련이다. 기대 이상의 만족은 감동을 불러오고 이는 다시 스토리텔링으로 회자된다.
사람들이 겪고 있는 고통을 살펴보고 그것을 이해하고 그 아픔 속으로 들어가 느껴보고 그 문제를 해결해주면 돈은 저절로 따라오며 성취감과 보람도 동반돼 온다.

### 적용

내가 사는 고양시 도서관에는 특별한 서비스가 많다. 카드 하나만 만들면 고양시 어느 도서관에서나 이용할 수 있는 것은 물론이고, 찾는 책이 집근처 도서관에 없으면 고양시 소재 다른 도서관으로부터 책을 배달 받을 수도 있다. 도서관까지 가지 않고도 가까운 지하철 역내에 설치된 무인 서고에서 책을 빌리거나 반납할 수도 있다. 도서관 방문이 어려운 장애인이나 임산부, 영유아를 둔 가정을 위해 집에서 무료로 책을 받아 볼 수 있는 서비스도 제공한다.

관내 도서관들은 저마다 특화된 서비스를 한다. 화정(꽃우물)도서관은 이름의 특징을 살려 꽃에 대한 다양한 책을 구비해두었으며 꽃꽂이나 화훼 강좌, 꽃 도서 전시회 등이 수시로 열린다. 도서관 이용자가 도서관에서 직접 꽃을 기르기도 한다.

이 밖에도 독서지도자 과정, 독서동아리 지원 프로그램, 시낭송 대회, 자서전 쓰기 등 다양한 프로그램들이 있다. 또한 도서관 서비스 증진을 위해 시민들과 함께 워크숍을 개최하는 등 고객의 불편사항을 찾기 위해 노력한다.

공익을 추구하는 공무원들도 이제는 고객의 입장에서 생각하며 고객의 아픔을 덜어주기 위해 다양한 서비스를 개발하고 있는 것이다. 하물며 영리를 목적으로 하는 기업은 어떠해야 하는지 많은 시사점을 주는 사례다.

정우플로우라는 기업은 건축물이나 산업 시설의 지붕 외벽의 차열 솔루션을 제공하는 회사이다. 이 기업 대표는 건축물에 하자가 발생했을 때 A/S가 안 돼 고객이 겪는 불편을 해결하기 위해 건축물 진단에서 시공, 감리, A/S까지 책임지는 솔루션을 개발했다. 고객들은 이 솔루션을 통해 실내온도를 낮추게 되어 에너지 절감 효과까지 누릴 수 있었다. 이처럼 고객의 아픔을 염두에 두면 새로운 비즈니스 기회를 얻을 수 있다.

### 2단 음양합일陰陽合一하고 다중분할多重分割하라

음과 양, 요와 철처럼 서로 성질이 다른 것은 하나로 만들고, 복잡하게 보이는 것은 요소별로 분할하면 안 보이던 것이 보이기 시작한다. '음양합일'은 새로운 에너지 창출을 위한 원천이 되며, 일견 복잡해 보이는 문제도 자세히 뜯어 놓고 살피는 '다중분할'은 문제를 풀 수 있는 단서를 주는 경우가 많다. 복잡한 문제도 뜯어보면 작은 문제들이다. 복잡한 것을 하나로 보면 해결 방법이 없어 보이지만, 뜯어보면 간단한 문제들이 모여 이루어진 것이다.

음양합일은 연결의 의미도 포함한다. 각기 다른 것들을 처음에는 하나로 만들고, 이것들을 서로 연결하면 또 다른 아이디어가 나온다. 서로 다른 것들 또는 비슷한 것들을 결합하고 연결하라. 그러면 또 다른 창조물이 탄생된다.

**적용**

동시에 많이 해서 발생하는 문제는 시간을 달리해 보면 된다. 예를 들면 아침 시간에 항상 쪼들린다면 자기 전에 미리 갖고 갈 가방이나 준비물 등을 챙기거나 여성의 경우 기초화장을 미리 준비해두면 된다.

옷장에서 옷을 고를 때 시간이 많이 걸린다면 옷의 종류별로, 용도별로 색을 달리한다던지 공간을 달리하면 해결된다. 수납장을 이용해도 된다.

시간 때문에 발생하는 문제, 장소로 발생하는 문제, 욕심으로 발생하는 문제, 사람으로 인해 발생하는 문제 등 문제의 유형을 나누고 이를 하나씩 분리해서 생각하면 문제가 쉽게 해결되기도 하고 분리하는 과정에서 문제가 사라지는 경우도 많다.

### 3단 동이치환同異置換하면 신작탄생新作誕生한다

순서나 방법, 재질, 시간, 장소, 사람 등을 새롭게 조합하면 지금의 것과는 다른 새로운 작품이 탄생된다. 아이디어가 필요하면 새로운 조합을 만들면 된다.
동질의 것은 이질적인 것으로 바꾸어 보고, 서로 다른 것은 동질적인 것으로 바꾸어 보는 등 방법이나 순서를 바꾸어 보라. 이 간단한 방법이 전혀 다른 느낌을 낳기도 하고 예상외의 힘을 발휘할 때도 있다.
순서를 바꾸는 것만으로도 다른 효과를 만들어 낸다. 음식을 먹을 때도 과일을 먼저 먹는 것과 식사 후에 먹는 것은 몸에 미치는 영향이 다르다. 무엇을 먹느냐도 중요하지만 한꺼번에 많이 먹느냐 조금씩 여러 번 나누어 먹느냐에 따라 몸에 미치는 영향, 마음에 미치는 영향이 각기 다르다.

**적용**

요즘 비닐, 플라스틱 문제가 심각하다. 1회용 안 쓰기 운동이 일어나기 시작했고 대체용품 개발에 나선 연구소나 기업도 많다. 폴리에틸렌 소재로 만든 제품을 먹는 애벌레를 발견하기도 하고 게 껍데기와 나무 조각으로 포장용 비닐을 대체하는 물질이 개발되기도 했다. 거미줄 유전자를 누에에 넣어 인공 거미줄을 생산하여 이를 이용해 신발을 만드는 기업도 있다.

## 4단 추출불가抽出不可하면, 합일제거合一除去하라

부정적인 요소는 제거해야 하지만, 그것이 여의치 않거나 비용이 많이 들 때는 어떻게 할까? 다른 요소를 합하여 부정적인 성분을 약화시키거나 아예 없애는 방법을 사용한다.
얼굴에 사마귀가 생겼다고 해보자. 이를 수술로 없애야 하지만 아플까 두렵고 흉터가 생길까봐 걱정된다면 어떻게 하면 좋을까? 이때는 반드시 수술을 해야 한다는 생각에서 벗어나야 한다. 사마귀를 없애는 연고를 바르거나 화장품을 발라 안 보이게 하는 방법을 써야 한다.
또한 손을 대지 않고도 해결하는 방법이 있다. 바로 활짝 웃는 것이다. 비록 사마귀는 없애지 못하지만 상대방 눈에는 사마귀 대신 웃는 얼굴만 보일 것이다.

**적용**

동충하초를 생산하는 어느 기업은 누에 번데기에 종균을 넣어 동충하초를 만드는 것이 아니라 누에가 살아 있을 때 종균을 넣어 누에고치에서 버섯이 피도록 했다. 이렇게 해서 성능이 몇 배나 좋은 당뇨병 치료제를 개발할 수 있었다. 기존의 동충하초는 번데기에 종균을 넣어 버섯으로 키웠지만 '누에그라'는 누에가 성충이 되기 전에 종균을 주입하여 성충이 고치를 튼 후 그 속에서 동충하초가 피어나도록 한 것이다.

## 5단 익간확대益間擴大하고 해간밀봉害間密封하라

'틈새전략'이라는 말이 있다. 유익한 틈새는 그 틈을 확대하고, 부정적인 틈새는 메꿔야 한다. 이것이 바로 틈새전략이다.
가격 틈새전략으로 성공한 예는 많다. 의류 시장에서 중저가 브랜드로 새로운 시장을 창출해 성공한 것이 좋은 예다.
시간, 가격, 장소, 품질, 서비스, 그 무엇이든 유익한 것은 간격을 넓히고 유해한 것은 그 사이를 원천적으로 봉쇄하라. 틈새가 발견됐을 때 즉시 봉쇄하면 비용이 적게 들지만, 일단 틈이 벌어지기 시작하면 걷잡을 수 없이 순식간에 무너지고 만다.
제품에 대한 고객의 불신이 싹트기 시작하면 입에서 입으로 전파되어 시장에서 퇴출되는 것은 시간문제다. 틈새의 신호를 예의주시하여 찾아내고 초기에 밀봉하라.

**적용**

대량생산 체제에 맞는 중저가 브랜드 제품은 시장 트렌드에도 발 빠르게 대응할 수 있는 효과적인 가격 틈새전략이다. 유아나 노인, 장애인에 대한 할인도 가격 차별화 정책도 해당된다.
그런가 하면 24시간 편의점, 항공기 내 숙박, 극장의 조조할인, 하이패스 등은 '시간 틈새'를 노린 것이고, 지하철 무임승차가 가능한 노인 인력을 활용한 택배 사업은 '사람 틈새'를 노린 사업이다.

### 6단 오감충족五感充足되면 희희낙락嬉嬉樂樂이다

제품이나 서비스를 기획할 때 그것이 청각, 후각, 미각, 시각, 촉각을 만족시키는지 생각해 보라.
인간의 오감을 잘 활용하면 성공할 수 있다. 이를 테면 음식의 칼로리를 시각화할 수 있다면 비만을 줄일 수 있을 것이다. 모든 것을 지수화, 시각화, 계량화하는 방법을 찾아보라. 먹는 음식도 미각만이 아니라 시각까지도 만족시키는 것이 성공하듯, 오감을 자유자재로 활용해 다른 요소로 대치하거나 결합해보면 좋다.
오감은 감성을 자극한다. 같은 음악이라도 스피커 품질에 따라 귀에 들려오는 쾌감, 자극은 천차만별인 것처럼, 이 오감의 품질을 높이는 것이 예술이다.

제품이나 서비스를 개발하려면 인간의 감정을 좌우하는 이 오감을 어떻게 발전시킬 것인지 궁리하고 또 궁리해야 한다. 오감을 자극하는 아주 작은 발전이 만족도에 큰 영향을 미치고 그에 따라 결정된 가격은 상상을 초월한다. 작은 디자인의 차이가 매출과 이익에 큰 영향을 미치는 것도 이 때문이다.

**적용**

향을 자극한 예를 살펴보자. 향을 의류에 접목한 제품들이 있다. 발 냄새를 제거하기 위해 장미향을 비롯해 솔, 박하, 라벤다 등 향기 나는 양말을 만들어 인기를 얻는 것처럼. 이 밖에도 손수건, 내의, 인형, 침구류 등 다양한 제품에 향기를 넣어 고급화시켰다.
향을 이용해 스트레스 해소, 신경 안정, 피로 회복 등의 기능을 높이기도 한다. 맛을 증가시키거나 식욕을 돋우기 위해 식품에도 활용하고 있다.

### 7단 감성소구感性訴求하면 화제생산話題生産된다

'소구'란 사람의 마음을 자극해 동기를 유발하는 것을 말한다. 인간의 감성에 소구하면 안 되는 것이 없다. 사람의 마음을 움직이는 것은 돈일 수도 있지만 결국 인간의 본성인 감성에 호소해서 마음을 움직인다. 영화 <워낭소리>, <집으로> 등은 비용은 적게 들였지만, '향수'라는 감성에 소구함으로써 크게 성공한 예이다.

제품이나 서비스에 이야기를 입히면 그 자체에 발이 달린다. 이야기는 확산성이 있다. 입에서 입으로 전파된다. 멋진 그림이나 연주회가 있다고 하자. 그림이나 연주 자체를 전파할 수는 없다. 대신 이야기가 전파된다. 사람들은 감성적으로 만족하면 입이 간지러워 전하지 않고는 못 배긴다. 감성을 움직이는 제품이나 서비스를 기획해서 입소문의 날개를 달아보자. 대박의 기회가 온다.

**적용**

프랑스 생수 '에비앙'은 스토리텔링에 기대 브랜드 파워를 구축했다. 18세기 신장결석을 앓던 한 귀족이 마을의 광천수를 마시고 기적처럼 병이 나았는데, 이후 이 물의 의학적 효능이 입증되고 나폴레옹 3세가 이 마을에 '에비앙'이라는 이름까지 하사하는 등 유명세를 탔다는 것이다. 에비앙은 이 이야기를 바탕으로 '건강한 생수'를 상징하는 대표 브랜드가 됐다. 소비자들의 마음을 움직일 이야기를 이끌어내어 브랜드와 접목하는 능력, 그것이 바로 창의력이다.

## 8단 다독다사多讀多思하면 다시다산多視多産이다

운동을 하면 근육이 발달한다. 운동 종류나 방법에 따라 근육량이 달라진다. 이는 꾸준함이 비결이다. 정신의 근육, 마음의 근육도 마찬가지다. 지속적으로 꾸준히 사용하면 힘이 붙는다. 정신적 근육이 발달하면 눈에 안 보이던 것이 보이기 시작한다. 창의성은 저절로 개발되는 게 아니다. 지식과 경험이 많은 사람이 더 많은 것을 상상할 수 있다. 그래서 질보다 양이 먼저다. 양이 많으면 그중에 좋은 게 있게 마련이다. 좋은 것을 만들기 위해서는 많이 읽고, 많이 생각해야 한다. 그래야 새로운 상상이 떠오른다.

아는 만큼 보인다는 말이 있다. 같은 것을 보아도 모르면 안 보인다. 안 보이면 믿지 않는다. 믿지 않으면 생산할 수 없다.

**적용**

바이오 연구개발 관련 의약품 수입 업체 서린바이오사이언스는 독서 경영을 하고 있다. 직원의 70%가 이과 전공으로, 직원들의 인문학적 소양을 키우기 위해서다. 직원들은 책을 읽고 감동받은 부분에 밑줄 친 것을 옮겨 적는 '독서 발췌 일기'를 쓴다. "책 한 권을 읽었다는 것은 작가가 살아온 생애의 경험과 노하우를 전달받는 엄청난 혜택이므로, 책 읽기를 소홀히 한다는 것은 자기경쟁력을 소홀히 하는 것"이라는 게 CEO의 지론이다. 풍부한 독서 경험이 직원들의 자기계발과 업무역량 확장에 기여한다고 믿기 때문이다.

제약 및 화장품 생산 기업인 한국콜마의 사내 도서관은 무려 4000여 권의 책을 소장하고 있다. '콜마 북 스쿨'이라는 독서 장려 제도를 운영하는 한국 콜마는 모든 임직원이 6학점 이상 취득해야 하며 독서 감상문을 인사고과에도 반영한다. 그동안 임직원들이 쓴 독후감은 무려 4만여 건에 이른다고 한다.
윤동한 회장은 기업이 지속 성장하려면 책을 많이 읽어야한다고 강조한다. 책을 바탕으로 한 기업 문화와 기업가 정신을 정착시키겠다는 취지이다. 그런 독서력 덕분인지 윤동한 회장은 『기업가 문익점』이라는 책을 직접 집필하기도 했다. 목화씨 전래자로 잘 알려진 문익점 선생을 기업가적 측면에서 새롭게 조명한 책이다.

### 9단 적자승자赤子勝者이며 행복충만幸福充滿이다

아이디어맨이나 성공한 사람들은 모두 메모광이다. 메모를 잘하는 사람이 모두 성공하는 것은 아니지만 성공한 사람은 모두 메모광이다.
사람의 기억에는 한계가 있다. 시간의 흐름에 따라 퇴색할 수밖에 없다. 그러나 메모는 시간을 초월한다.
메모하는 데도 기술이 필요하다. 이순신 장군은 전쟁 중에도 『난중일기』를 썼다. 『안네의 일기』도 마찬가지다. 기록 없는 사실은 기억되지 않는다. 의미 있는 삶은 기록으로 남은 삶이다. 결국 기록하는 측면에서는 적는 사람이 승자가 되고, 인간관계에서는 적자를 보는 사람이 승자가 된다.

**적용**

의료 및 귀금속 제품 개발용 3D프린터를 생산하는 ㈜캐리마 이병극 대표는 메모광으로 유명하다. 스마트폰을 이용해 언제 어디서나 메모한다. 운전 중에도 음성녹음으로 메모를 한다. 이런 메모 습관을 통해 수십 건의 특허를 갖게 되었고 일본, 유럽 등 선진국에 3D프린터를 수출하고 있다.

자강그룹 민남규 회장 곁에는 늘 사람이 북적거린다. 그가 사람부자, 나눔부자인 까닭이다. 그는 포브스가 선정한 기부왕이다. 피아니스트 조성진을 발굴해 세계 최고의 피아니스트가 되기까지 후원했고, 세로토닌 드럼클럽을 결성하여 중학교와 군부대에 드럼을 지원, 학생과 군인들의 행복한 여가 생활을 도왔다. 많이 가진 사람이 부자가 아니라 많이 베푼 사람이 부자임을 실천하는 산증인인 셈이다.